내용에서 사람의 질문은 ●로
기했다.

**창작자를 위한
챗GPT
저작권 가이드**

일러두기

본문 중 챗GPT와 대화
챗GPT의 답변은 ↘로 표

변리사가 알려주는
챗GPT 창작에 필요한 저작권 상식의 모든 것

정경민 지음

창작자를 위한
챗GPT
저작권 가이드

프로제

들어가며

인공지능이 시를 짓는 시대

인간이 신에게 닿으려 거대하게 쌓아 올렸으나 결국 무너진 바벨탑이 생각나는 요즘, 정보통신기술자들은 인간처럼 생각하고 판단하는 기계를 만들기 위해 노력하고 있다. 인공지능에 대한 얘기다.

오늘날의 시장은 하나의 토픽이 지속적으로 관심을 오래 끌기보다는 끊임없이 화제의 중심이 바뀐다. 인공지능(Artificial intelligence, AI), 전기차, 자율주행, 메타버스, NFT에 이어 다시 인공지능에 대한 관심이 뜨겁다. 이 뜨거운 관심에는 고성능 채팅형 인공지능인 챗GPT(Generated Pre-trained Transformer)가 차지하는 지분이 크다.

21세기 인공지능 돌풍의 시작은 바둑이었다. 2016년 '알파고'라는 인공지능 바둑봇이 인간세계에서 가장 유명한 바둑 기사였던 이세돌 9단을 이긴 것이다. 그전까지 바둑은 착수를 위한 경우의 수가 무한대에 가까워 뛰어난 아무리 인공지능이라 하더라도 최강의 인간을 이길 수 없을 것이라는 게 중론이었다. 그런데 경우의 수가 무한대에 가깝기는 했지만 정말로 무한대는 아니었나 보다. 다섯 경기 중 네 경기가 알파고의 승리였다. 그래도 한 경기에서는 이세돌이 역전승을 거두어 로봇은 로봇일 뿐이라는 한계를 보여주었지만, 이제는 그러한 단점마저 극복하여 인간이 더 이상 인공지능을 이기지 못하는 경지에 이르렀다고 한다.

　사람들은 착수할 곳과 규칙이 정해져 있는 보드게임과 달리 진정한 창작, 창조의 분야는 결코 인공지능이 사람을 따라잡지 못할 것이라고 생각했다. 윌 스미스 주연의 영화 〈아이, 로봇〉에서 주인공이 로봇이 과연 작곡을 할 수 있는지, 아름다운 그림을 그릴 수 있는지 로봇에게 질문한 것처럼 말이다. 그 로봇은 반문한다. 당신도 할 수 있는가?

이제 시대가 또 달라졌다. 인공지능이 그림을 그리고, 작곡을 하고, 글을 쓰고, 대화를 한다. 부족한 점은 있지만 부족한 점을 제법 감출 줄 아는 것도 같다. 기계는 기존에 알고 있던 것의 범위 내에서 수정이나 재조립만 가능하다는 것이 정설이었다. 즉, 창작행위는 인간만 할 수 있다고 보았다. 하지만 인간의 창작행위를 자세히 살펴보면, 이 또한 수정과 재조립의 일부라는 사실을 알 수 있다. 창작행위는 공부를 통해 지식과 정보를 습득하고, 습득한 지식과 정보를 분석하고, 재조립하여 새로운 것을 만드는 과정이다. 전혀 알지 못하는 것을 아무렇지도 않게 창조해내는 것은 불가능하다. 인간이 하는 창작행위들은 결국 여러 경험 속에서 습득한 지식과 정보의 재구성이라 볼 수 있다.

　인공지능이 아는 것의 범위를 무한대에 가깝게 늘려본다면 어떻게 될까? 지식이 무한할 수 없는 인간의 입장에서 보자면, 무제한의 데이터를 재조립하는 것은 창작으로 보인다. 그동안 인공지능은 무한대에 가까운 데이터를 확보할 수 없고, 확보하더라도 이를 처리할 수 없다는 하드웨어와 소프트웨어적인 한계에 부딪혀 있었다. 찰나의 시간에 무수히 많은 데이터를 획득하고 분석할 수 있게 된 지금에서야 인공지능은 드디어 사람을 흉내 낼 수 있게 된 것이다.

최근 챗GPT라는 인공지능에 많은 관심이 집중되고 있다. 질문을 하면 마치 사람처럼 답을 하고, 소설 플롯을 구성하기도 하며, 시도 쓴다. 이제 챗GPT를 창작에 활용하려는 사람이 적지 않다. 사람의 머리를 써서 창작을 하는 시대에서 벗어나 챗GPT에게 적절한 질문을 하여 창작을 하는 시대가 도래했다고도 한다. 하지만 챗GPT를 창작에 활용하기 전에 다양한 법적 문제에 대한 고민이 생긴다. 이를 이용하거나 활용하여 창작된 작품의 권리귀속 관계는 어떻게 될까? 사람이 던진 질문에 챗GPT가 내놓은 답을 이용하여 만든 소설은 질문자에게 저작권이 있는 것인가, 아니면 챗GPT에게 있는 것인가? 그도 아니라면 챗GPT를 개발한 회사에 있는가? 챗GPT를 만들어 소설을 출간하기 위해 데이터를 확보하는 크롤링 행위는 타인의 저작권을 침해하는 것인가? 이렇게 쓰여진 소설이 타인의 저작권을 침해하는 경우 그 책임은 누구에게 있는가?

　선진국에서는 이미 인공지능 기술에 대해 장기적인 플랜을 수립하고, 법률적인 문제에 대해 심도 깊은 논의를 하고 있다. 특히 인공지능의 업무 성과가 누구에게 귀속되어야 하고, 반대급부로서 인공지능의 행위가 인간의 권리를 침범하는 경우의 책임이 누구에게 귀속되어야 하는지가 주요한 화두이다. 이는 인공지능을 유능한 도구로만 보아야 하는가, 아니면 인간에 가깝게 보아 권리의 주체성을 인정할 것인가 하는 논의로 확장된다. 그리고 인공지능을 최소한 창작자로서 표기해야 하는 것이 아닌가 하는 윤리적인 문제에 대한 주장과 인공지능이 창작한 창작물은 인간이 창작한 것이 아니므로 저작물성을 인정할 수도 없다는 주장이 함께 등장한다. 사람이 아닌, 사람이 만들어낸 인공지능에게 사람의 권리를 내어줄 수 있을까? 일단 인공지능이 무엇인지, 그중에서도 챗GPT는 어떤 특징이 있는지 간단하게 살펴보자.

목차

이 책에 실린 모든 글과 그림은 저작권자와 출판사의 허락 없이 사용할 수 없습니다.

1

인공지능이란?

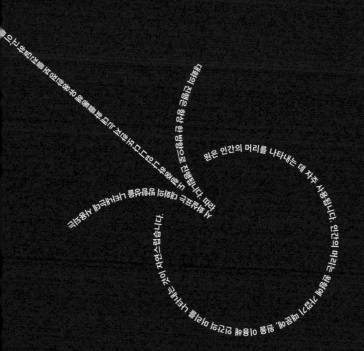

공학, 특히 컴퓨터를 다루는 사람들에게 인공지능은 참 매혹적인 존재다. 사람들은 흔히 인공지능이 일반적인 컴퓨터 장치와 확연히 다른 굉장한 무언가라고 오해한다. 컴퓨터는 정해진 조건에서 입력값에 따른 계산을 수행하고 출력값을 제공한다. 이 점은 인공지능도 크게 다르지 않다. 차이가 있다면 인공지능은 끊임없이 들어오는 방대한 양의 데이터로부터 특징을 추출, 분석하고 정보로서 보유하고 학습한다는 것이다. 따라서 '1+2'와 같이 정해진 답이 있는 문제가 아니라 막대한 양의 데이터를 분석한 정보가 필요할 때 인공지능은 강한 힘을 발휘한다. 인공지능은 학습 시간과 데이터가 많아질수록 더 정확한 결과를 내어 놓을 수 있다.

　학습 방식은 인공지능을 규정짓는 개념이라 볼 수 있다. 인공지능은 방대한 양의 데이터를 분석하여 결론을 내기 때문에 인간이 보기에는 마치 인공지능이 인간보다 뛰어난 예측과 추론을 해낸다고 생각할 수 있다. 하지만 이는 사실이 아니다. 인간의 지능과 인공지능의 지능은 서로 다른 개념이다. 인공지능은 계산된 결과값을 내어 놓을 뿐이다. 반면, 인간은 경험에 따라 자연스러운 학습과정을 통해 비선형적인 예측을 수행할 수 있다. 때때로 불합리한 결정을 하는 것도 이와 관련이 있다. 에너지 효율적인 측면에서도 인공지능의 학습과 추론 능력은 인간에 비해 많이 부족하다. 그래도 과거에 비해 괄목할 만한 하드웨어의 발전이 지금의 인공지능을 만들었다.

1 인공지능의 학습 방법

인공지능은 스스로 혹은 인간에 의해 학습한다는 점에서 일반적인 컴퓨터와 구분된다. 즉, 학습이 인공지능을 정의하는 가장 중요한 개념이라 할 수 있다. 인공지능의 학습은 기계가 의사결정을 위해 스스로 데이터로부터 학습하도록 하는 머신러닝 기법과, 인간 뇌의 뉴런과 비슷한 인공신경망을 구성하여 비정형 데이터라 하더라도 특징을 추출해서 기계가 스스로 학습할 수 있도록 하는 딥러닝으로 분류할 수 있다. 머신러닝이 딥러닝을 포함하는 개념이기는 하나 미세한 차이가 있다.

　　인간이 직접 방대한 양의 데이터를 분석하고 분석된 정보를 이용하는 것은 쉽지 않다. 데이터의 양이 적었을 때는 가능했지만, 기술이 발전함에 따라 이는 점점 비효율적이 되고 시간 소모적이며 실수가 발생할 가능성이 커질 뿐이다. 머신러닝을 기반으로 한 인공지능은 이런 방대한 데이터, 즉 빅데이터를 분석 활용하기 위한 경우의 수를 계산하여 스스로 모델링하며 효율적인 방법을 찾아낸다. 머신러닝은 그 자체로 인공지능이 되는 것은 아니다. 머신러닝은 컴퓨터를 학습시켜 직접 수행 방법을 익히도록 하는 기술이다. 데이터를 분석하게 하고 학습시키는 것이다. 컴퓨터는 학습한 내용을 이용해 판단이나 예측을 하며, 판단이나 예측한 값에 따라 피드백을 받아 오류를 수정하는 과정을 거친다. 즉, 판단이나 예측을 하기 위한 알고리즘이 코딩되어 있는 것이 아니라 학습을 위한 알고리즘을 통해 데이터를 학습한다. 이는 '통계적인 학습'이라고도 하며 기계도 인간처럼 데이터를 학습한다면 스스로 규칙을 형성할 수 있지 않을까 하는 시도에서 비롯되었다.

　　과거에는 이를 테면 '눈, 코, 입이 있고, 머리가 길기도 짧기도 하며, 눈, 코, 입이 각각 특정 위치에 있고, 안경을 끼기도 안 끼기도 하는 것이 사람이다.'라고 정해놓은 후 사진을 입력하여 컴퓨터가 사람의 사진을 구별해 내도록 했다. 컴퓨터가 내놓은 결과가 틀리면 앞의 조건을 사람이 직접 수정하는 과정을 거쳤다. 지금의 머신러닝은 수많은 사진과 영상을 통해 사람의 외형에 대해 학습하게 한 후, 통계적인 학습을 통해 추론하도록 한다. 예를 들어, 컴퓨터가 사람의 사진은 물론 원숭이 사진도 사람이라고 판단했다면 틀렸다는 것을 알려주고, 왜 틀렸는지를 알아내기 위해 추가적인 데이터를 더 학습하도록 하는 것이다.

머신러닝의 한 분야인 딥러닝은 데이터에서 직접 특성을 추출하여 예측 모델링을 구축한다. 분석된 데이터로 예측 모델링을 구축하기 위해 더 복잡한 모델을 만들어 내기도 한다. 딥러닝은 인공신경망을 사용하는데, 인공신경망은 인간 두뇌의 정보처리 과정을 모방한 컴퓨터 알고리즘이라고 볼 수 있다. 특히 뉴런의 연결 구조가 이런 초기 머신러닝 연구자들에게 영감을 주었는데, 데이터의 상호 전파가 가능하고 서로 자유롭게 연결되는 뉴런과 달리 인공신경망은 아직은 다소 경직되어 있다.

인공신경망은 딥러닝에서 가장 중요한 개념이라고 볼 수 있다. 이는 빅데이터를 처리하고 분석하기 위해 고안되었는데 자연어 처리, 음성인식, 예측, 분석, 이미지 인식 등 다양한 처리를 수행할 수 있는 것이 특징이다. 뉴런은 뇌의 신경세포로 신경계를 이루는 기본 단위이고, 시냅스를 통해 뉴런 사이에 신호를 주고받는다. 딥러닝은 이러한 뉴런의 작동을 모방한 것으로, 데이터가 입력되는 입력층, 비선형 문제 모델링을 위한 은닉층, 데이터를 출력 처리하기 위한 출력층으로 구성된다.

인공신경망은 합성곱신경망(Convolutional Neural Network, CNN)과 순환신경망(Recurrent Neural Network, RNN)으로 구분된다. 합성곱신경망은 이미지 분류와 물체 인식에 사용된다. 레이어라고도 하는 계층으로 구성되는데, 특징을 추출하고 이로부터 특징 맵을 만들어 분류 및 분할하는 작업을 수행한다. 작업이 진행될수록 특징만을 남겨서 전달한다. 데이터를 압축해서 보내는 것과도 유사하다.

순환신경망은 자연어, 음성인식처럼 입력 데이터 순서에 따른 시계열성이 있는 순차 데이터를 처리한다. 이전과 현재로 정보가 피드백된다는 특징이 있으며, 일련의 데이터 시퀀스를 처리하는 데 사용된다. 내부에 반복되는 구조를 가지며, 이 반복 구조를 통해 이전 입력 데이터에 대한 정보를 현재 처리하는 단계에서 사용할 수 있다. 이를 통해 순환신경망은 입력 데이터를 처리하는 동안 내부 상태를 계속 갱신하고, 이전 입력에 대한 정보를 새로운 입력과 결합하여 현재 출력을 생성한다. 순환신경망은 문장 생성, 기계번역, 자동 요약, 자율주행, 주식 거래 등 다양한 응용 분야에 사용할 수 있다.

2 인공지능을 구분하는 방법

인공지능을 구분하는 방법에는 여러 가지가 있다. 최근에는 보편적으로 약한 인공지능과 강한 인공지능으로 구분한다.

(1) 약한 인공지능 Narrow AI

약한 인공지능은 특정한 작업이나 문제를 해결하기 위해 디자인된 인공지능이다. 입력된 규칙에 맞게 사고하고 규칙을 넘어서는 사고는 할 수 없다. 인간처럼 복합적으로 사고하는 것은 불가능하며, 제한된 범위내에서만 작동한다. 약한 인공지능은 대부분 규칙 기반 또는 머신러닝 기반으로 작동한다. 알고리즘을 포함한 기초 데이터 규칙을 입력하면 이를 기반으로 학습하고, 특정한 작업이나 문제를 해결하는 것이 목적이다. 바둑을 두기 위해 고안된 알파고가 그 예다. 약한 인공지능은 특정한 기능을 인간보다 뛰어나게 수행할 수 있지만 직접 이를 생각하거나 이해하는 수준은 아니다. 이 책에서 집중적으로 다루고자 하는 챗GPT도 약한 인공지능에 해당된다.

(2) 강한 인공지능 General AI

영어로는 '보편적인 인공지능'이라는 의미인 강한 인공지능은 인간과 동등하거나 그 이상의 지능을 가진 인공지능으로, 다양한 분야에서 작업을 수행한다. 강한 인공지능은 입력된 규칙에 한정하지 않고 능동적으로 학습할 수 있으며 인간과 같이 복합적으로 학습하고 추론할 수 있다. 알고리즘을 설계하면 기초 데이터 규칙 없이도 스스로 데이터를 찾아서 학습한다. 이는 인간이 꿈꿔 온 인공지능의 이상적인 모습으로, 인간이 하는 모든 일을 할 수 있는 인공지능이다. 현재 기술은 아직 강한 인공지능까지는 이르지 못했지만, 그 정의에 가까워졌다고 평가받는다.

인공지능은 데이터를 획득 및 분석해서 새로운 데이터를 생성하기 위한 도구다. 기술의 발전으로 획득하는 데이터가 많아짐에 따라 인공지능이 데이터를 분석하여 완전히 새로운 것을 만들어 내는 것처럼 보기도 한다. 그러다 보니 동작 자체는 재조립에 불과하지만 결과물은 창작과 창조에 가깝게 느껴질 정도다. 창작은 사람만이 가능한 불가침의 영역이라 믿어 왔는데 일정 부분 침범당했다고 느껴지기도 한다.

챗GPT는 제법 그럴싸하다. 소설을 쓰라면 소설을 쓰고, 편지를 써달라고 하면 편지를 써준다. 2021년까지 확보한 데이터에 기반하기 때문에 정확한 정보를 제공해 주지 못할 때도 있지만 제법 그럴듯한 결과물을 내놓는다. 그래서 챗GPT를 활용해 새로운 창작을 하는 것에 관심을 보이는 사람들이 많다. 블로그에 올릴 글을 챗GPT에게 작성하게 한다거나 심지어 챗GPT가 작성한 글만으로 책을 내려는 사람들도 있다.

이와 관련해 전 세계적으로 다양한 논의가 이뤄지고 있다. 그중 가장 중요하게 다뤄지는 것은 챗GPT가 학습을 위해 타인의 창작물을 학습했다면 학습 과정 자체가 저작권 침해가 아니냐는 것이다. 타인의 저작물을 이용해 새로운 창작을 했다면 허락 없이 저작물을 학습하는 것 자체가 저작권 침해가 될 가능성이 있다. 그렇다면 이용자의 질문에 의해 챗GPT가 생성한 창작물에 저작권이 부여될 수 있을까? 챗GPT가 창작자로 기재될 수 있을까? 여기에 업무상 저작권을 인정할 수 있을까? 이제부터 이와 같은 논의를 하나씩 분석하도록 하겠다. 우선 저작권이 무엇이기에 이런 논의가 필요한지 살펴봐야 한다.

내 빛깔과 향기에 알맞은 누가 나의 이름을 불러다오.

2

지식재산권이란?

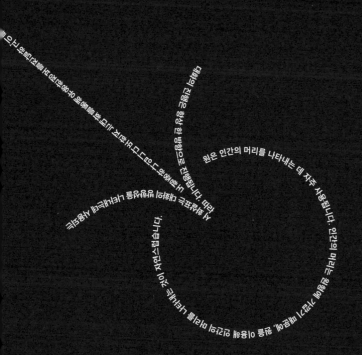

대한의 건물은 항상 한 방향으로 진행합니다.

원은 인간의 머리를 나타내는 데 자주 사용됩니다. 인간의 머릿속에 담긴 생각이 표현되어 다른 사람에게 이용되기 때문에, 원은 '생각'을 의미하며 그것은 자연스럽습니다.

1   지식재산권법

지식재산 기본법 제3조 제1호에 따르면 "지식재산이란 인간의 창조적 활동 또는 경험 등에 의하여 창출되거나 발견된 지식·정보·기술, 사상이나 감정의 표현, 영업이나 물건의 표시, 생물의 품종이나 유전자원(遺傳資源), 그 밖에 무형적인 것으로서 재산적 가치가 실현될 수 있는 것"이다. 지식재산권은 지적소유권이라고도 하며, 아이디어, 창작, 브랜드와 같이 무형적인 인간의 지적 창작물을 보호하는 무체(無體)의 재산권이다. 지식재산권은 창작자와 발명자에게 창작물에 대한 독점적인 권리를 부여함으로써 창작 및 발명 의욕을 고취하며 산업, 문화 및 경제 발전을 이루는 것을 목적으로 한다. 지식재산권 제도에 대한 법률적 근거로 우리나라 헌법 제22조 제2항은 "저작가, 발명가, 과학기술자와 예술가의 권리는 법률로써 보호한다."라고 규정하고 있다.

지식재산권은 크게 산업 발전에 이바지함을 목적으로 하는 산업재산권과 문화 및 관련 산업의 향상 발전에 이바지함을 목적으로 하는 저작권으로 분류된다. 지식재산권은 인간이 다양한 분야에서 창출하고 표현한 아이디어를 보호하기 위한 법이다. 지식이라는 것은 물건이나 건물처럼 정해진 실체가 없다. 실체가 없어 '무체재산권'이라고 하는데 이런 무체재산권은 침해당하기 쉽다. 무체재산권이 침해당하기 쉽다고 하여 침해자에게 조치를 취하지 못한다면 창작자나 발명자의 창작 및 발명 의욕이 꺾여 발전 없는 세상이 될 것이다. 지식재산권은 애써 창작하고 발명하여 세상에 공개한 자들에게 독점적인 권리를 허여(許與)한다. 지식재산권은 침해금지부터 침해예방까지 물건과 같은 권리가 형성된다. 지식재산권을 침해한 물건은 마치 타인의 집에 무단 침입한 것과 같이 가처분, 가압류의 대상이 된다. 그래서 지식재산권은 '물권적 권리'라고도 한다.

이렇듯 지식재산권은 강력한 권리다. 기본적으로는 권리자를 지키기 위한 사익적인 목적이 강하지만, 국가의 제도 발전 및 산업 발전 그리고 소비자들의 오인과 혼동 방지 및 신뢰와 이익 보호라는 공익적 목적의 균형을 맞추고자 한다. 그뿐 아니라 침해자와 권리자 모두의 기본권리를 훼손하지 않기 위해 다양한 제도적 장치를 마련하고 있다는 특징이 있다. 예컨대 침해자를 지나치게 보호하여 권리자의 권리 행사가 어려워지면 권리자의 창작이나 발명 의욕이 저하된다. 반대로 권리자를 지나치게 보호하여 조금이라도 유사한 창작물이나 발명품에 대해서도 권리 행사가 가능하도록 해버리면 오히려 새로운 창작물이나 발명품이 탄생하지 못하는 결과를 초래할 수 있다. 그렇다 보니 이들의 균형을 맞추는 것이 지식재산권의 가장 큰 화두라고 할 수 있다.

2   저작권

저작권은 문학, 학술, 예술 분야의 지적 창작물에 대해 자연 발생하는 권리다. 저작권법 제2조에 따르면 저작물은 인간의 사상 또는 감정을 표현한 창작물이다. 무언가를 만들었다고 해서 모두 저작권법으로 보호되는 것이 아니라 창작성이 요구되는 것이어야 한다. 즉 남의 것을 베끼지 않은 자신의 독자적인 사상 또는 감정이 표현되어 있어야 한다.

저작권으로 보호되는 저작물은 어문, 음악, 미술, 건축 저작물 등 다양하다. 저작권은 창작과 동시에 발생하며 등록을 위해 별도의 행정처리가 필요하지 않다. 저작권은 저작물에 대한 복제, 공연, 배포, 공중 송신, 2차 저작물 작성과 같은 권리를 포함한다. 이러한 권리는 저작권자의 소유이고, 자연인이나 법인이 저작권자가 된다. 다만, 미국 저작권법에 따르면 창작자는 사람이어야 한다. 따라서 법인이 저작권자가 되려면 사람이 창작한 저작권을 양도 인수받은 경우여야 한다. 저작권은 사후 70년까지 보호된다. 저작권이 만료가 되면 창작물은 공공재가 된다. 많은 구전동요와 전래동화가 이에 해당한다.

저작권을 침해당한 것으로 인정받기 위해서는 크게 다음 네 가지 요건이 충족되어야 한다.

첫째, 보호하고자 하는 저작물이 저작권법상 보호되는 저작물이어야 한다. 즉, 창작성이 있어야 한다. 여기서 창작성은 남의 것을 베끼지 않고 독자적인 사상 또는 감정의 표현을 담고 있는 정도면 될 뿐, 남들보다 월등히 높은 수준의 창작성을 요구하는 것은 아니다. 이런 부분에서 특허 등 산업재산권과는 비교된다. 저작권법은 창작된 표현을 보호하는 것이지 아이디어를 보호하는 것이 아니다. 예를 들어, 유명한 웹툰을 그대로 복제·배포하면 저작권 침해가 되지만 그 웹툰에서 사용한 콘셉트나 특정 규칙 등을 차용하는 정도라면 저작권 침해가 되기 어렵다. 새끼 펭귄이나 수달 등이 등장하는 애니메이션을 아무리 많이 만들어도 그림체 또는 캐릭터의 서사나 이름 등이 전혀 다르다면 <뽀롱뽀롱 뽀로로>의 저작권을 침해한 것으로 보기 어렵다.

둘째, 의거성이 있어야 한다. 침해자가 저작물에 '의거' 하여 그것을 '이용'하여야 한다는 말이다. 의거는 저작물의 표현 형식을 소재로 하여 만들어졌다는 것으로, 침해자의 작품이 우연히 만들어졌다거나 다른 공통의 소재를 이용하여 만들어졌다면 침해 요건이 되지 않는다. 그러나 해당 요건을 엄격하게 입증해야 할 필요는 없다. 침해자가 저작물을 직접적으로 이용했다는 것까지 입증할 필요는 없고, 인식할 가능성이 있으면 그것으로 충분하다. 저작물이 공개된 상태이고, 저작물과 침해품 사이에 현저한 유사성이 있다면 의거성이 있는 것으로 추정한다.

셋째, 저작물의 보호 범위 내에 있어야 한다. 저작물의 모든 구성요소가 보호 대상이 되는 것은 아니다. 예컨대 구성요소 중 공공의 영역(Public domain)에 속하는 부분은 보호 범위에서 제외된다. 미국은 아이디어·표현 이분법을 채택하고 있고, 우리나라도 이를 적용하고 있다. 즉, 표현과 아이디어를 구분하여 표현된 창작적인 부분에 대해서만 보호 범위로 인정하고 추상적인 아이디어는 고유의 영역에 두어 누구라도 자유롭게 사용할 수 있도록 하자는 데서 기인한다. 아이디어에 대한 표현 방법이 유일하거나 제한되어 있어 아이디어와 표현이 불가분적으로 결합되어 있다면 표현의 보호는 아이디어의 보호까지 미치므로 이 경우 표현은 저작권의 보호 대상이 되지 않는다는 아이디어·표현 합체 이론도 이 연장선상에 있다.

　넷째, 저작물과 침해품 사이에 실질적 유사성이 있어야 한다. 저작물 중 창작적 표현이 침해품과 실질적으로 유사해야 한다는 것으로서 침해자가 저작물의 근본적인 본질 또는 구조를 복제한다는 것이다. 전체를 기준으로 보는 것이 아니라 창작적 표현과 차용 부분을 중점으로 살피며, 평균적 관찰자의 주관적인 관념과 느낌을 기준으로 판단한다.

대부분의 저작권 분쟁 사건은 실질적 유사성에 의해 결론
이 나는 경우가 많다.

3   산업재산권

산업재산권은 산업 분야의 창작물과 관련된 권리로서 산업
재산권법은 산업 발전에 이바지함에 그 목적이 있다. 특허
법, 실용신안법, 상표법 및 디자인보호법으로 이루어지는
산업재산권법은 자유시장경제가 경쟁을 촉진하고 독점을
규제하는 것에 반하여 일정한 요건에 해당하는 경우 예외
적으로 일정 기간 해당 기술의 실시*를 독점하는 것을 인정

---

*   특허법 제2조 제3호. "실시"란 다음 각 목의 구분에 따른 행위를 말한다.
    가. 물건의 발명인 경우: 그 물건을 생산·사용·양도·대여 또는 수입하거나 그
        물건의 양도 또는 대여의 청약(양도 또는 대여를 위한 전시를 포함한다.)을
        하는 행위
    나. 방법의 발명인 경우: 그 방법을 사용하는 행위 또는 그 방법의 사용을 청약
        하는 행위
    다. 물건을 생산하는 방법의 발명인 경우: 나목의 행위 외에 그 방법에 의하여
        생산한 물건을 사용·양도·대여 또는 수입하거나 그 물건의 양도 또는 대여

하는 제도적 장치다.

상표권을 제외한 산업재산권의 보호 기간은 실용신안의 경우 10년, 특허나 디자인권의 경우는 20년이다. 상표권은 소비자 신뢰와 상표 자체에 화체(구체화, 실현)된 신용을 보호하는 공익적 측면에서 무제한으로 갱신할 수 있도록 제도적 장치를 마련하고 있다.

특허권과 실용신안권은 발명을 보호하기 위해 부여된다. 이들은 본질적으로는 동일한 대상을 보호하나 권리의 존속 기간과 등록요건 중 진보성 판단 기준에 차이가 있다. 디자인권은 물품의 외관, 즉 물품의 디자인을 보호한다. 상표권은 상품의 출처로서 사용되는 표지인 상표를 보호하기 위해 부여된다. 상표법은 다른 산업재산권과는 달리 창작이 아닌 표장의 선택을 보호하며 수요자의 신뢰이익을 보호하기도 한다.

산업재산권의 경우 권리로서 보호받기 위해 특허청의

의 청약을 하는 행위
저작권법의 경우 저작권법 제2조에 따르면 복제·배포·발행·공표·전송 등을 의미한다.

심사를 거쳐 등록받는 것이 일반적이다. 이를 위해 출원, 심
사 및 등록의 과정을 거친다. 요건을 갖추지 못하는 경우 거
절되기도 한다.

4 영업비밀

부정경쟁방지 및 영업비밀보호에 관한 법은 기업 간 부정
경쟁을 방지할 뿐 아니라 기업이 시간과 비용을 투자하여
개발한 기술과 정보인 영업비밀을 침해하는 행위를 방지함
으로써 건전한 거래질서 확립을 목표로 한다.

영업비밀은 기업의 지식재산권으로, 공공연히 알려져
있지 아니하고 독립된 경제적 가치를 가지는 것으로 합리
적인 노력에 의해 비밀로 유지된 생산방법, 판매방법, 그 밖
에 영업활동에 유용한 기술상 또는 경영상의 정보를 말한
다(부정경쟁방지 및 영업비밀보호에 관한 법률 제2조). 영업비밀로 보
호되는 자료의 유형은 시설, 제품 설계도, 물건의 생산제조
방법, 연구개발 보고서, 데이터와 같은 기술상 영업비밀과

고객 명부, 관리정보, 매뉴얼 등 경영상의 영업비밀이 있다.

특정 기술이 영업비밀로 인정되기 위해서는 특정한 요건을 만족해야 한다. 영업비밀은 특허와 달리 대상이 발명에 한정되거나 이미 알려진 기술보다 진보된 것이어야 하는 것은 아니다. 특허 요건을 갖추기 어려운 아이디어나 외부에 공개되는 것이 꺼려지는 아이디어를 영업비밀로 보호하곤 한다. 고객 명부 같은 경영상 정보나 실험 등을 통해 취득한 데이터와 같이 타사가 제품 서비스를 보고 쉽게 모방하기 어렵고, 직접 개발도 용이하지 않은 경우라면 영업비밀로 보호하는 것을 고려해 볼 수 있다.

엄격한 보호 대상과 요건이 요구되는 특허와 달리 영업비밀은 보호 기간과 대상에 제한이 없다는 것이 장점이다. 하지만 영업비밀은 공개하고 싶지 않은 기술을 외부로 유출하는 것을 방지하기 위한 것이지 독점배타권을 획득하기 위한 것은 아니다. 따라서 타사가 그 영업비밀을 부정하게 탈취하지 않고 직접 연구 및 개발하였다면 영업비밀로서 구제를 받을 수 없다. 다른 회사가 특허를 취득하기까지 한다면 먼저 개발한 기술이라도 실시하지 못하는 문제도 발생할 수 있다.

　　자사의 제품 또는 서비스를 보고 쉽게 모방이 가능하고 특허 요건을 갖출 수 있는 경우라면 영업비밀로 보호하기보다 특허로 보호해야 한다.

내 배 진형은 추억 같은 그건 맛이 엄하 보고 픈 꿋으로 밤이 덜 제 부를 볼 슥 였다.

3

챗GPT의 기능과 역할

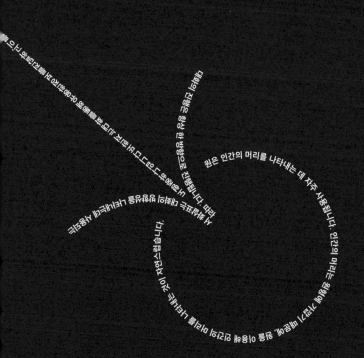

최근 인공지능을 이용한 저작물이 속속 등장하고 있다. 인공지능을 탑재한 로봇이 쓴 시나리오가 영화로 제작되기도 했고, 인공지능이 그린 그림이 경매에서 팔리기도 했다. 해외 언론들은 인공지능을 활용하여 기사를 쓰기도 한다. 일본의 하코다테 미라이대학에서는 인공지능이 만들어낸 3페이지 분량의 소설이 공상과학 문학상 부문에서 1차 심사를 통과하였다. '아이바'라는 음악 작곡 인공지능이 베토벤이나 모차르트 등 유명 클래식 작곡가를 딥러닝하여 자신의 음악을 작곡해 내기도 했다.

2023년은 이렇게 뛰어났던 인공지능들을 제치고 챗GPT의 해라고 봐도 과언이 아니다. 챗GPT는 인간처럼 대답도 하고, 시도 쓰고, 보고서도 써주고, 번역도 훌륭하게 해낸다. 챗GPT를 얼마나 잘 활용할 수 있는지가 미래에 달려 있다고 보는 사람들도 있을 정도다. 그 본질을 들여다보면 어떨까?

챗GPT는 GPT(Generative Pre-trained Transformer)를 학습시킨 후 사람들의 질문에 답을 하도록 하는 인공지능으로, 미국의 인공지능 스타트업인 오픈AI(Open AI)가 개발했다. 2022년 11월 GPT 3.5를 기반으로 챗GPT가 공개되었고 2023년 3월 GPT 4가 공개되었다. GPT는 단어 간 확률을 무한대에 가까운 경우의 수를 통해 학습시켰다고 한다. 1억 5천 개의 단어를 기반으로 만들어졌다고 하는데, 한 단어 뒤에 이어질 단어를 1억 5천 개의 단어 중 가장 확률이 높은 것 위주로 조합할 수 있도록 수십 수백만 개의 문장을 통해서 다음 단어를 학습시키는 과정을 거쳤다는 것이다.

앞에서도 말했지만 인공지능도 그 본질은 컴퓨터이고 프로그램에 불과하다. 학습량이 워낙 방대해서 겉으로 보기에는 대단해 보일 수 있으나, 챗GPT마저도 확률로 다음 단어를 맞히는 '빈칸 채우기' 정도에 지나지 않는다. 그렇다면 이들이 정말 창작을 하는 것이고 창조를 하는 것이라고 인정할 수 있는지에 대해서 슬슬 의구심이 든다. 지금 기술 수준에서 인공지능에게 창작자, 발명자의 권리를 인정할 만큼 인공지능이 스스로 창작하고 있는 걸까?

이를 알아보기 위해 챗GPT를 이용해 보자. 이 자체는 어렵지 않다. 무료에다 가입만 하면 얼마든지 사용할 수 있다. 일단 질문을 하면 답을 내놓는다. 생각보다 답변이 길지 않다면? 길게 써달라고 요청하면 된다.

1   챗GPT에게 소설을 써달라고 했을 때

다음은 소설을 써달라는 요청에 대한 챗GPT의 답이다.

● 소설 한 편 써 줘.

↘ 물론입니다. 하지만 이는 인공지능이 자동으로 생성한 텍스트
이므로, 흥미로운 플롯 또는 캐릭터가 될 수도 있고 그렇지 않
을 수도 있습니다. 또한, 인공지능이 생성한 텍스트는 기존의
작품과 유사할 수 있으므로 출판을 고려할 경우 저작권 문제
가 발생할 수 있습니다. 그럼에도 불구하고, 아래는 샘플 소설
입니다.

제목: 잃어버린 기억의 발견
한 노인이 어느 날 밤 깊은 잠에서 깨어나 자신이 어디에 있는
지 모르게 되었다. 눈앞에는 어두운 언덕 위에 있는 작은 집이

보였다. 노인은 어디로 가야 할지 막막하게 생각하며 그 집으로 가기로 마음먹었다.

집 문을 열고 들어가자 노인은 이 집이 자신의 집이었다는 것을 깨달았다. 그러나 자신이 누구인지, 이 집에서 무슨 일을 했었는지 전혀 기억이 나지 않았다. 노인은 자신의 기억을 찾아내기 위해 집 안을 뒤적거리기 시작했다.

그러던 중 노인은 작은 상자를 발견했다. 그 상자에는 자신의 과거 사진들과 편지들이 들어있었다. 노인은 그 사진들과 편지들을 하나씩 펼쳐보며 자신의 과거를 되돌아 보았다.

그렇게 자신의 기억을 되찾아가는 도중, 노인은 자신의 아내가 이미 세상을 떠난 사실을 알게 되었다. 그러나 노인은 자신이 아내를 사랑했다는 기억은 여전히 간직하고 있었다. 그리고 그 기억들을 되찾은 것만으로도 노인은 큰 위안을 받았다.

노인은 자신의 과거를 다시금 회상하며 미래를 향해 단단히 걸음을 내딛기로 했다. 그리고 그의 삶은 다시 밝은 빛으로 가득 차기 시작했다.

미흡한 부분이 있지만 단지 소설을 써달라는 요청 하나로도 제법 형식을 갖춘 글을 쓰는 것을 볼 수 있다. 원하는 소설을 쓰게 하고 싶다면 다음과 같이 보다 구체적이고 명확하게 요청 사항을 전달하면 된다.

● 노인이 사실은 첩보원이었고, 아내는 조작된 기억이며 누군가를 암살하러 가는 중에 사고를 당해 기억을 잃었지만, 다시 기억을 찾고 임무를 수행하는 과정에서 자신이 잘못되었다는 것을 깨닫고 임무를 포기하는 내용으로 보완해 줘.

↘ 네, 좋은 아이디어입니다. 이를 바탕으로 좀 더 복잡하고 스릴 넘치는 소설을 만들어 보겠습니다.

제목: 잃어버린 기억의 발견

더 이상 신뢰할 수 없는 미국 첩보원인 노인은 비밀 임무를 수행하던 중 사고를 당해 기억을 잃어버렸다. 그리고 누군가의 의도에 따라 아내와 아들에 대한 기억조차도 조작되었다.

하지만 어느 날, 그는 집에 있는 상자에서 자신의 비밀 임무와 관련된 기록들을 발견한다. 노인은 기억을 찾기 위해 과거의 비밀 임무를 다시금 회상하며 미래를 향해 단단히 걸음을 내딛기로 결심한다.

노인은 수많은 위험한 임무를 수행하면서, 점점 자신의 기억을 찾아나가고, 비밀 임무의 복잡한 거래와 인물들의 관계를 조사하던 중 자신이 잘못된 일을 하고 있다는 것을 깨달았다.

그리고 마지막 임무에서 노인은 자신이 해야 할 일이 자신의 신념과 가치관에 맞지 않다는 것을 깨닫는다. 그러나 그는 이미 너무 깊이 빠져들었고, 임무를 포기할 수 없다는 자신의 갈등 속에서, 노인은 자신의 진실된 아내와 아들에 대한 기억을 되찾기 위해 최후의 도전을 시작한다.

노인은 자신의 과거와 현재를 살피며, 자신이 어떤 실수를 했는지 깨달았을 때, 그는 자신의 행동을 바로잡기 위해 최선을 다하며 임무를 포기하고 자신의 가족과 함께 살아가기로 결심한다.

이제 노인은 자신이 찾은 진실을 바탕으로, 새로운 인생을 시작하며, 비밀과 위험의 세계에서 벗어나 평온한 삶을 살기로 마음먹는다.

요청한 부분을 반영하여 글을 보완한 것을 알 수 있다. 이를 잘 활용하면 정말 책을 한 권 만들어낼 수도 있을 것으로 보인다.

2 챗GPT에게 외국인에게 보낼 비즈니스 레터를 번역해달라고 했을 때

다음으로, 비즈니스 레터를 번역해 달라고 요청했다.

● 미국인에게 비즈니스 레터를 보내려고 하는데 아래 내용을 번역해 줘.

"당신의 특허가 2023년 3월 23일에 출원되었고, 3년 후인 2026년 3월 23일까지 심사 청구가 이루어지지 않으면 취하로 간주됩니다. PPH 제도를 활용하여 우선심사를 신청할 수 있고, 그 경우 예비심사까지 진행하면 등록률이 더욱 올라가니 그 점 참고하여주시기 바랍니다. 출원서, 인보이스, 관납료 영수증은 첨부된 파일을 참조하여 주시기 바랍니다."

↘ I will translate the content into English:

"I am writing to inform you that your patent was filed on March 23, 2023, and if no examination request is made until March 23, 2026, it will be considered abandoned. You can apply for expedited examination using the PPH system, and if you do so, the registration rate will increase after the preliminary examination. Please keep this in mind. Please refer to the attached file for the invoice for the application and filing fees."

이처럼 번역도 제법 잘하는 것을 확인할 수 있다. 다만, '간주되다'에 해당하는 영어 표현으로는 Deemed를 더 많이 사용하고, '취하'는 Abandon보다 Withdraw로 더 많이 표현하며, '우선심사'도 보통 Accelerated examination이라고 한다는 점이 아쉽다. 아직 완벽하지는 않은 것이다. 하지만 법률적 용어에 대한 번역이 아직 미숙할 뿐 일반적인 번역은 상당한 수준이었다.

3 챗GPT에게 특허 명세서를 작성해달라고 했을 때

특정 기술에 대한 특허 명세서 작성을 요청해 보았더니 다음과 같이 답했다.

● 자율주행 자동차에 달린 전면 카메라에 오물이 묻었을 때 바람이 나오게 해 오물을 떨어트리는 발명을 했는데 특허 명세서로 작성해줄 수 있어?

↳ 네, 당신이 개발한 이 발명에 대한 특허 명세서를 작성할 수 있습니다. 특허 명세서는 발명의 기술적 세부 사항과 특허를 얻기 위해 필요한 중요한 정보를 기술합니다. 따라서 전면 카메라에 묻은 오물을 제거하는 발명의 세부 내용을 작성하고 그것이 이전에 알려지지 않았다는 것을 입증할 수 있는 기술적 정보를 포함하여 특허 명세서를 작성해야 합니다. 그러나, 특허 명세서 작성은 전문적인 지식과 경험이 필요하므로 특허 변호사나 특허 전문가의 도움을 받는 것이 좋습니다.

챗GPT가 처음 나왔을 때 변리사들은 명세서 업무를 맡길 수 있을 것이라는 기대를 했는데 아직 명세서 작성을 전담시킬 만한 수준에 이르지는 못한 것으로 보인다. 명세서를 다른 언어로 번역해 달라고 요청했을 때도 전문가의 도움을 받는 것이 낫겠다며 거절하기도 했다. 명세서 작성이 어렵다면 최소한 특허의 권리 범위인 청구항(請求項: 청구를 통하여 보호를 받고자 하는 사항을 밝히는 항목)** 정도는 잡아줄 수 있는지 확인해 보았다.

● 카메라의 오물 판단을 위한 제어부로서 제어부는 영상의 30% 이상이 다른 부분 대비하여 조도나 명도가 낮다고 판단되면 오물이 묻었다고 판단하고, 오물이 묻었다고 판단되는 경우 에어건을 제어하여 렌즈에 묻은 오물을 떨어트리도록 하는 내용에 대해서 특허 청구항을 작성해 줘.

↘ 다음은 제안하신 내용을 바탕으로 작성한 특허 청구항입니다.

** 특허청구항이란 특허 청구범위에 의해 보호받으려는 사항으로 발명의 설명에 의해 뒷받침되어야 하고 명확하게 간결하게 기재되어야 하며 보호 받으려는 발명을 특정하는데 필요한 구조, 방법, 기능, 물질 혹은 이들의 결합 관계등을 통해 표현하여야 한다.

1. 자율주행 자동차에 장착된 전면 카메라의 오물 판단을 위한 제어부로서, 상기 제어부는 영상의 30% 이상이 다른 부분 대비하여 조도나 명도가 낮다고 판단되면 오물이 묻었다고 판단하는 것을 특징으로 한다.

2. 상기 청구항 1에서, 상기 제어부는 오물이 묻었다고 판단되는 경우, 에어건을 제어하여 렌즈에 묻은 오물을 떨어트리도록 하는 것을 특징으로 한다.

3. 상기 청구항 2에서, 상기 제어부는 상기 에어건을 제어하여, 물리적 접촉 없이 오물을 제거하는 것을 특징으로 한다.

4. 상기 청구항 2에서, 상기 제어부는 오물이 묻은 위치와 오물의 양에 따라 상기 에어건을 제어하는 것을 특징으로 한다.

5. 상기 청구항 2에서, 상기 제어부는 상기 에어건을 제어하여, 렌즈에 묻은 오물을 제거한 후에 카메라 성능을 확인하고, 오물이 완전히 제거되지 않은 경우, 반복적으로 에어건을 작동시키도록 하는 것을 특징으로 한다.

역시 완벽하지는 않지만 제법 양식을 갖춘 청구항이 작성되었다. 물론 이대로 쓸 수는 없다. 게다가 1번이나 2번은 내가 작성한 것을 복사해서 붙여 넣은 수준이다. 3번은 당연한 말이라 잘못 작성된 청구항이다. 하지만 4번과 5번의 내용을 보면 상당히 놀랍다. 인공지능이 사람이 작성한 내용을 토대로 직접 발명을 한 것이다. 오물의 위치와 양에 따라 에어컨을 조절한다거나 오물이 제거되지 않았을 때 반복하여 작동하는 것은 이런 발명이면 응당 들어가는 것이 맞기는 하지만, 챗GPT가 스스로 판단하여 만들어낸 아이디어인 것이다.

4 챗GPT에게 특정 인물에 대해 물어보았을 때

나에 대해서도 물어보았다.

- ● 정경민 변리사에 대해서 설명해 줘.
- ↘ 정경민 변리사는 한국의 대표 변호사 중 한 명입니다. 그는 대한민국의 법률학 및 법조계의 발전에 기여한 것으로 평가되고 있으며, 국내외에서 다양한 사건에 대한 변호 경험과 전문성

을 인정받고 있습니다.

정 변리사는 1985년에 서울대학교 법학전문대학원에서 석사학위를 취득하였으며, 이후 미국 코넬대학교에서 법학 박사학위를 받았습니다. 그 이후에는 국내외 다양한 법무법인 및 변호사 사무소에서 근무하면서 다양한 분야의 소송과 상담 업무를 수행했습니다.

정 변리사는 대한민국에서 가장 유명한 대형 삼성그룹 소송 변호사 중 한 명으로서, 대한민국에서 가장 큰 사업 조정 및 법적 분쟁인 현대중공업 파업 소송에서도 이를 대표하는 변호사 중 한 명으로 활약했습니다. 또한, 국내외 기업들의 인수합병, 금융 분쟁, 지적재산권 분쟁 등 다양한 분야에서 전문성을 인정받고 있습니다.

정 변리사는 변호사로서의 전문성뿐만 아니라, 법률 교육 및 연구 분야에서도 활동하고 있으며, 국내외에서 강연과 저술 활동을 통해 법률학 발전에 기여하고 있습니다. 그의 높은 전문성과 대중적인 인기로 인해, 대한민국 변호사 중 가장 유명하며 인기 있는 인물 중 한 명입니다.

안타깝게도 틀린 결과가 나왔다. 이를 통해 챗GPT는 정확한 정보를 알려주는 것에는 다소 취약하다는 것을 알 수 있다. 실제 판례나 분쟁 사례 등에 대해서 문의했을 때도 비슷한 결과가 나왔는데 이런 용도로 챗GPT를 사용하는 것은 현재로서는 바람직하지 않다. 조금 더 자세히 질문하면 어떤 결과를 보여줄까?

● 가산동에 있는 도울국제특허법률사무소 정경민 변리사에 대해 알려 줘.

↘ 저는 인공지능 챗봇이며, 실제 정보를 제공해드릴 수 없습니다. 다만, 제가 알고 있는 정보로 말씀드리자면, 도울국제특허법률사무소는 대한민국 서울특별시 강남구 역삼로 400에 위치하고 있습니다. 또한, 정경민 변리사는 도울국제특허법률사무소에서 전문 변리사로 근무하고 있으며, 주로 지적재산권 분야에서 국내외 클라이언트를 대상으로 서비스를 제공하고 있습니다.

마찬가지로 잘못된 정보를 제공하고 있다. 도울국제특허법률사무소가 가산동에 존재한다고까지 얘기했는데도 불구하고 틀린 정보를 제공한 것이다. 챗GPT는 확률을 이용해 단어를 조합하여 제공할 뿐 정확한 실제 정보를 제공하지는 못하는 것으로 확인된다.

5 챗GPT에게 그림을 그려달라고 했을 때

이번에는 그림을 그릴 수 있는지 물어보았다.

● 그림도 그릴 수 있니?

↘ 저는 인공지능 챗봇이기 때문에 직접 그림을 그릴 수는 없지만, 그림을 그릴 수 있는 다양한 프로그램과 도구들을 알고 있습니다. 또한, 그림 그리기에 대한 기술과 지식을 가지고 있기 때문에 그림 그리는 방법에 대해 도움을 드릴 수 있습니다. 어떤 종류의 그림을 그리고 싶으신가요?

● 기린 그림을 그리고 싶어.

↘ 기린을 그리는 방법을 설명해드릴게요.

챗GPT의 기능과 역할

1. 먼저, 기린의 몸통을 그립니다. 기린은 긴 목을 가지고 있기 때문에 몸통이 좀 길죠. 직사각형에 가깝게 그리면 좋습니다.

2. 그 다음, 기린의 다리를 그립니다. 기린은 키가 매우 크기 때문에 다리는 길고 얇은 형태입니다. 네 개의 다리를 모두 그린 후, 발가락을 그려줍니다.

3. 이제 기린의 목을 그릴 차례입니다. 목은 길고 곧게 그리면 좋습니다. 머리와 목 부분이 부드럽게 이어져야 하기 때문에 부드럽게 그려주는 것이 좋습니다.

4. 그 다음, 기린의 머리를 그립니다. 머리는 직각 삼각형 모양에 가깝습니다. 눈과 귀를 그린 후, 입을 그려주면 됩니다.

5. 마지막으로, 기린의 뿔을 그려줍니다. 뿔은 머리 위쪽에 있으며 긴 삼각형 모양으로 그려주면 됩니다.

그림을 그릴 때는 기본적인 도형부터 그려서 점점 디테일하게 그려가는 것이 좋습니다. 또한, 그림을 그리기 전에 미리 사진이나 그림을 참고해서 차근차근 따라 그려보시면 도움이 될 것입니다.

챗GPT는 그림을 그리는 단계까지는 아직 이르지 못했음을 알 수 있다. 그래도 그림 그리는 방법에 대해서 세세하게 설명해주는 점은 만족스러웠다.

6 챗GPT에게 데이터 분석을 맡겼을 때

● 학생 10명이 있고 중간고사 점수가 각각 10, 30, 100, 90, 80, 70, 60, 50, 55, 78점이야. 이걸 표로 작성해주고 평균값과 표준편차, 분산도를 함께 구해줘.

학생	점수
학생1	10
학생2	30
학생3	100
학생4	90
학생5	80
학생6	70
학생7	60

학생8	50
학생9	55
학생10	78

평균값 = (10 + 30 + 100 + 90 + 80 + 70 + 60 + 50 + 55 + 78) / 10 = 63.8

평균값을 제외한 점수들의 제곱합 = $(10 - 63.8)^2 + (30 - 63.8)^2 + (100 - 63.8)^2 + (90 - 63.8)^2 + (80 - 63.8)^2 + (70 - 63.8)^2 + (60 - 63.8)^2 + (50 - 63.8)^2 + (55 - 63.8)^2 + (78 - 63.8)^2 = 22366.16$

분산 = 제곱합 / (n-1) = 22366.16 / 9 = 2485.13

표준편차 = 분산의 제곱근 = sqrt(2485.13) = 49.85

데이터를 활용하여 통계를 작성하는 것은 완벽하게 해내는 것을 볼 수 있다. 컴퓨터가 제일 잘하는 작업 중 하나이니 아마 더 어려운 분석을 맡겨도 잘 해낼 것으로 예상한다.

앞서 설명한 바와 같이 챗GPT는 단어를 기반으로 만들어진 인공지능이다. 즉, 한 단어에서 다음 단어로 부드럽게 넘어갈 수 있도록 확률적으로 조합하는 것이다. 챗GPT는 간단한 데이터 분석은 완벽하게 해내지만 정확한 정보를 기반으로 답을 내어놓는 것이 아니라 특정 키워드에 맞게 단어 간 조합을 한다.

챗GPT를 사용하여 만들어진 창작물의 경우 지식재산권 권리관계는 어떻게 될까? 질문을 던진 사람에게 권리가 있을까, 답을 내놓은 챗GPT에게 권리가 있을까? 창작에 대한 인공지능의 기여도와 그 단계에 대해 알아보자.

내 인생에서 가장 빛나는 순간은 언제였을까 곰곰이 생각해 보았다.

4

창작에 대한 인공지능의 단계별 기여도

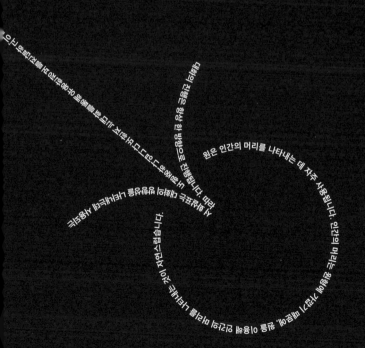

아무리 인공지능이 스스로 학습하고 분석하여 추론을 통해 창작을 할 수 있다고 하더라도 인공지능은 말 그대로 인공이기 때문에 스스로 존재하지 못한다. 어느 시점에 도달한 후에는 스스로 발명도 하고 창작도 할 수 있겠지만 적어도 아직은 그 정도 수준에 이른 인공지능이 있지 않아 보인다. 최소한 이를 개발한 개발자가 있어야 하고, 소유자가 별도로 존재하기도 하며, 이들을 조작하여 창작을 유도하는 이용자가 있어야 한다. 인공지능을 도구로 본다면 그 도구를 만든 사람, 도구를 소유한 사람, 도구를 이용한 사람 중 누가 그 도구의 이용에 따른 결과물에 대한 권리를 인정받을 수 있을까? 인공지능에게 직접 창작 및 창조할 수 있는 능력이 있으니 거의 인간과 동급으로 보아야 할까? 인간의 행위가 최소한으로 개입된 상태에서 인공지능이 결과를 창출하는 경우는 어떨까? 그 최소한은 어떻게 정의할 수 있을까? 창작물에 대한 인공지능의 기여 수준에 따라서 이를 달리 볼 수 있다. 인공지능의 기여 수준은 몇 가지 단계로 나뉜다.

1단계: 인공지능의 개발자, 소유자가 인공지능을 직접 조작하여 원하는 결과를 생성

예컨대 인공지능은 인간에게 조언을 하는 정도의 역할만 하고, 인간이 그 조언을 활용하여 어떤 결과물을 만들어낸 다고 하자. 이때 인공지능은 그 능력이 아무리 뛰어나더라 도 단순히 아주 잘 드는 칼 정도의 역할을 수행한 것일 뿐이 다. 인공지능을 활용한 검색 DB나 데이터를 활용한 다양한 그래프를 그리기 위한 툴 등이 이에 해당한다고 볼 수 있다. 이때는 창작물이나 발명에 대한 권리귀속 주체를 인공지능 을 조작한 사람으로 보아도 아무런 문제가 없다. 창작이나 발명 모두 조작한 사람이 인공지능이라고 하는 강력한 도 구의 힘을 빌어 이루어낸 것이기 때문이다. 이에 따라 인공 지능에 미치지 못하는 단순 계산기와 같은 컴퓨터 디바이 스를 이용하는 0단계가 존재한다고 보는 의견도 있다. 이때 기계의 역할은 단순 도구에 불과하고, 발명의 완성을 위한 대부분의 작업을 인간이 수행하기 때문에 이용한 사람이 발명자이자 창작자가 되는 데 이견이 없다.

챗GPT를 활용할 때도, 대부분의 조건을 상세하게 제
공한다거나 챗GPT가 번역이나 문장 다듬기 정도에 사용된
경우라든지, 창작의 일부분에 챗GPT가 만들어낸 문장이나
계산 결과 및 도표 등이 들어간 정도라면 이 단계에 해당할
것이다.

2단계: 인간이 기본적인 방향성을 제시

인공지능의 창작 행위에 있어 인간의 관여도가 낮은 경우
다. 인간은 최소한의 키워드, 목표나 조건을 입력할 뿐이고,
인공지능이 데이터 습득과 분석을 수행하고 업무 수행에
필요한 모델 설계부터 창작 및 재구성까지 수행하는 것이
다. 최근 유행하는 인공지능으로 그림 그리기나 글짓기 등
이 이에 해당한다. 이 단계에서는 창작 과정에 대한 인간의
관여도가 낮기는 하지만 여전히 인간의 기본적인 방향 지
시 없이 인공지능이 스스로 인간이 원하는 것을 알아내서
창작하지는 않는다. 이때도 아이디어의 착상, 발상, 구체화

및 표현 같은 창작의 단계별로 해당 창작 행위에 사람이 어느 정도 관여하는지에 따라 개별적으로 판단해야 한다.

챗GPT도 간단한 질문을 하면 그 질문에 답변을 하지 질문하기 전부터 그 사람이 어떤 것을 원하는지 알아내거나 스스로 컨텐츠를 생성해서 제공하지는 않는다. 그림을 그리는 인공지능을 활용할 때도 원하는 그림의 구도나 캐릭터 유형에 대해서 생각보다 자세하게 알려주어야 원하는 결과를 얻을 수 있다. 결과물에 대한 권리관계를 따질 때 이 경우가 가장 논란이 되는데, 인간이 관여를 하지 않는 것은 아니나 많은 부분을 인공지능이 혼자서 처리하기 때문이다.

인간이 제시한 조건에 의해 인공지능이 쓴 소설이 있을 때, 인간에게는 그런 소설을 써낼 능력이 없고 단지 콘셉트나 아이디어를 주는 역할만 했다면, 그 결과물에 대해서 인간이 저작권을 인정받을 수 있을까? 저작권은 콘셉트나 아이디어가 아닌 표현된 창작을 보호하는 법이라는 사실을 상기해 보자. '학습'이라는 단어도 다시 살펴보자. 인공지능은 소설을 쓰거나 그림을 그리기 위해 수만 혹은 수십만 개의 단어와 그림을 학습하고 그 특징을 추출한 후 키워드에 따라 재조립해서 표현한다. 사람도 크게 다르지 않다. 결국 학습을 통해 입력된 경험을 토대로 새로운 것을 그리거나 써내기 때문이다. 물론 사람은 '불합리함'과 '예측'이라는 인공지능에게는 불가능한 능력이 있어 경험하지 못한 분야에서도 새로운 것을 만들어낼 수도 있다. 그러나 겉으로 보기에 인공지능이 해내는 것이 인간이 해낼 수 있는 것에 비해 전혀 모자라 보이지 않는다.

챗GPT를 활용한 창작이나 저작권 이슈의 대부분이 이 단계에 해당할 가능성이 높다. 인간이 상세한 조건을 제공하는 경우도 있지만, 간단한 키워드만으로 창작을 유도하는 경우가 많고, 그런 경우에 저작권 등 지식재산권이 논쟁이 되기 때문이다.

3단계: 인간의 관여 없이 인공지능이 자체적으로 창작

앞서 '강한 인공지능'으로 분류했던 것이 이에 해당한다. 현재의 기술 수준에서는 아직 요원한 단계로, 이 단계에서는 아무런 지시 없이 인공지능 스스로 필요한 장치를 만들거나 창작물을 만들어낸다. 인공지능끼리 협업하여 발명을 할 수도 있을 것이고, 스스로 특허 분석을 수행하여 새로운 특허를 만들어낼 수도 있을 것이다. 이것이 가능해지는 날이 오면 전 세계적으로도 해당 인공지능에 권리를 일부라도 귀속시키기 위한 보호 체계에 대한 논의가 재점화될 것으로 예상된다.

5

인공지능의 창작물에 대한
권리귀속 주체

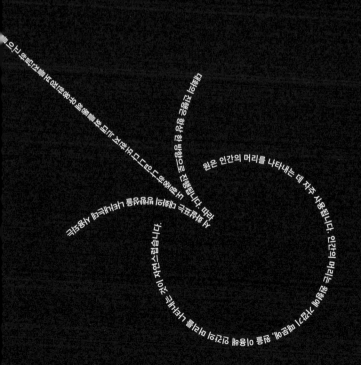

인공지능과 인공지능을 조작한 인간 중 누가 인공지능이 창작한 창작물에 대한 권리귀속 주체가 되어야 하는가? 현재까지의 기술 수준과 법적 검토 수준을 보자면 명확하게 '인간'이다. 특히 인공지능을 권리의 객체인 물건으로 본다면 인공지능이 창작한 창작물은 원물에서 경제적 용도에 따라 자연적으로 수취되는 천연과실이기 때문이다. 민법 제101조에서 "물건의 용법에 의하여 수취하는 산출물은 천연과실이다."라고 규정하고, 동법 제102조 제1항에서 "천연과실은 그 원물로부터 분리하는 때에 이를 수취할 권리자에게 속한다."라고 규정되어 있다. 따라서 인공지능을 소유한 소유자에게 인공지능이 창작한 창작물이 귀속되는 것으로 보는 것이 일반적으로 타당하다.

하지만 인공지능의 주변인, 즉 인공지능의 투자자, 개발자, 소유자, 이용자가 동일인이 아닐 경우라면 문제가 다소 복잡해질 수 있다. 인공지능을 개발하여 판매하는 회사에서 인공지능을 활용하여 발명한 경우, 인공지능을 판매한 후 구매한 회사에서 인공지능을 활용하여 발명을 한 경우, 인공지능의 소유권이 특정 회사에 있는 상태에서 별도의 이용자가 인공지능을 활용하여 발명을 한 경우 모두 다르게 취급되어야 한다. 그 외에 인공지능을 개발하는 과정에서 투자자가 별도로 있는 경우에도 문제가 될 수 있다.

챗GPT도 마찬가지다. 챗GPT가 만들어낸 결과물의 경우 이용자는 단순히 질문을 했을 뿐이라면 결과물에 저작권이 발생할 것인지, 발생한다면 저작권은 이용자와 소유자 중 누가 되어야 할 것인지 하는 문제가 생긴다.

프로그램 제작자와 구매자가 있을 때 프로그램 제작자가 구매자에게 프로그램을 양도한 후 프로그램을 통해 생산된 성과물은 누구의 것일까? 외부 개발을 통해 홈페이지나 플랫폼 관련 프로그램을 창작했을 경우에는 제작자, 즉 개발자에게 프로그램에 대한 저작권이 발생한다. 개발자들은 프로그램의 저작권을 이용자에게 잘 이전해주지 않는 경우가 많다. 프로그램 자체를 판매하는 것은 자신들의 이익에 반하기 때문이다. 나아가 유지보수 서비스를 지속적으로 공급하기 위한 목적도 있다.

예컨대 포토샵과 같은 이미지툴의 경우 해당 프로그램

을 무단 복제·배포하는 행위는 금지되어 있다. 하지만, 이런 이미지툴을 이용하여 창작된 창작물의 경우 저작권은 당연히 창작에 기여를 한 사람에게 귀속되어야 할 것이다.

프로그램 자체의 저작권이야 개발자에게 발생하지만 그 프로그램을 사용하여 생긴 창작물의 경우 당연히 이를 이용한 이용자에게 저작권이 발생한다. 챗GPT의 경우도 다르지 않다. 개발자가 챗GPT를 이용자에게 마음껏 이용하라고 하였다면(특히 유료의 경우), 이용자가 인공지능을 이용해 만든 성과물에 대한 권리는 마땅히 챗GPT에게 질문을 잘 던진 이용자에게 인정되어야 할 것이다.

정리하자면, 개발자, 투자자, 이용자라는 플레이어들이 있을 때 이들 중 해당 창작에 중대한 기여한 사람이 저작권자가 되어야 한다. '창작적 기여를 한 자'가 개발자라면 개발자가, 이용자라면 이용자가 저작권자가 될 것이며, 개발자와 이용자 간에 창작에 기여한 정도가 동일하거나 크게 다르지 않다고 판단되면 둘에게 공동 저작자 지위가 부여될 수 있다. 창작적 기여는 창작물의 종류에 따라 해당 창작물에서 중요하다고 볼 수 있는 창작의 단계가 어느 부분인지에 따라서 달라질 수 있다. 영감이나 자료조사가 중요한 부분을 차지할 수도 있고, 표현이 더 중요한 부분을 차지할 수 있다. 이들이 불가분적으로 엮여 있을 수도 있다.

즉, 오픈AI가 챗GPT를 개발하였고, 이에 대한 저작권은 당연히 오픈AI에게 발생하지만 이 챗GPT를 활용한 창작물에까지 오픈AI의 저작권이 미치거나 발생할 수는 없다.

6

챗GPT 창작물에 대한
저작권 가이드

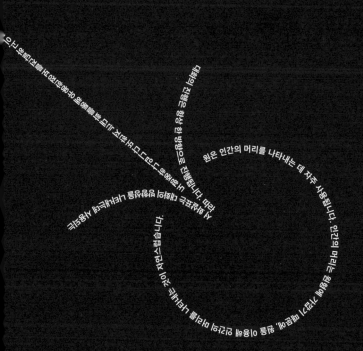

챗GPT는 글을 쓸 수 있다. 그것도 꽤 잘 쓴다. 심지어 내가 쓴 글의 오류도 고쳐준다. 아직은 '사람의 질문'이라는 약간의 영감과 키워드가 있어야 하긴 하지만, 글을 한 번도 써본 적이 없는 사람도 챗GPT를 이용하면 거의 프로페셔널한 수준의 글을 얻어낼 수 있다.

저작권은 창작자의 권리를 인정한다. 업무상 저작권이 아니라면 돈을 주고 그림을 그려달라고 했어도 그림을 그린 사람에게 저작권이 인정된다. 인간이 인공지능을 이용하기 위해 입력하는 단순한 키워드 몇 개는 아이디어의 발상도 구체화도 아니고 창작의 방향을 제시하는 정도에 불과한 경우가 많다. 그런 경우에는 키워드를 입력한 인간을 저작권자로 인정하기 쉽지 않다. 창작에 대한 관여도가 낮으므로 공동 저자가 되기도 어렵다. 그렇다면 인간이 아닌 인공지능에게 저작권을 인정할 수 있을까? 이는 인공지능이 권리의 주체가 될 수 있는지에 대한 문제다. 나아가 인공지능에게 권리를 부여하지는 못하더라도 창작자의 지위는 부여할 수 있는지, 즉 창작에 대한 인공지능의 기여를 인정할 수 있는지에 관한 문제도 생긴다. 이 문제는 인공지능이 창작한 창작물에 저작권을 부여할 수 있는지에 대한 문제로 확장된다. 마지막으로 인공지능이 타인의 저작물을 이용하는 것을 저작권 침해로 볼 수 있는지, 인공지능이 창작한 창작물이 타인의 저작물과 실질적으로 유사한 경우 저작권 침해가 되지는 않는지에 대한 논의로 이어진다.

1 챗GPT가 저작권자가 될 수 있을까?

이용자의 질문을 바탕으로 챗GPT가 소설을 완성했다고 가정해보자. 무언가를 창작하면, 즉 창작된 결과물이 있으면 그에 대한 권리가 발생하므로 누군가 이 소설에 대한 저작권자가 되어야 할 것이다. 그렇다면 과연 챗GPT가 이 소설에 대한 저작권자가 될 수 있을까? 관련 규정을 몇 가지 살펴보자.

저작권법

제2조

제1호: "저작물"은 인간의 사상 또는 감정을 표현한 창작물을 말한다.

제2호: "저작자"는 저작물을 창작한 자를 말한다.

제10조

제1항: 저작자는 제11조 내지 제13조의 규정에 따른 권리(저작 인격권)와 제16조 내지 제22조의 규정에 따른 권리(저작 재산권)를 가진다.

민법

제211조 소유자는 법률의 범위 내에서 소유물을 사용, 수익, 처분할 권리가 있다.

제758조

제1항: 공작물의 설치 또는 보존의 하자로 인하여 타인에게 손해를 가한 때에는 공작물 점유자가 손해를 배상할 책임이 있다.

지식재산기본법

제3조

제1호: "지식재산"이란 인간의 창조적 활동 또는 경험 등에 의하여 창출되거나 발견된 지식 정보 기술, 사상이나 감정의 표현 그 밖의 무형적인 것으로서 재산적 가치가 실현될 수 있는 것을 말한다.

최근 인공지능이 글을 쓰거나 작곡을 하고 그림을 그리는 등 다양한 창작물을 만들어 내는 경지에 도달했다. 인공지능 개발자들은 인공지능이 직접 창작했다고 주장하며 인공지능에게 직접 권리가 주어질 수 없는지 모색하고 있고, 실제로 일부 국가에서는 행정소송도 제기되고 있다. 스위스 제네바에 있는 세계지식재산기구(WIPO)에서는 2019년부터 지식재산과 인공지능 관련 회의를 개최하고 있다. 하지만 급박하게 돌아가는 현실 속에서 아직 어느 국가에서도 관련 법리가 명확하게 정리되어 있지는 않다.

　현행법에서는 저작물을 인간의 창작활동이나 그 결과물로 전제하고 있어, 이를 기준으로 저작권 보호 범위를 논의하고 있다. 그러므로, 챗GPT가 만들어 낸 소설에 대해서는 쉽게 저작권을 인정할 수 없다.

코끼리가 그린 그림이든 원숭이가 찍은 셀카든 자연이 스스로 생성한 풍경은 인간의 사상과 감정이 반영된 창작물로 볼 수 없다. 즉, 창작 행위 자체는 동물이든 인공지능이든 누구나 할 수 있지만 법상 권리가 주어지기 위해서는 권리능력이 필요하다. 권리능력은 권리의 주체가 될 수 있는 법률적인 자격을 말하는 것으로 자연인과 법인에게 인정된다.

챗GPT가 창작한 창작물 중 저작물성이 충분히 있다고 보이는 경우에도 결과물들을 그대로 방치해도 될까? 이는 창작 및 발명 의욕을 고취하기 위한 지식재산권의 목적에 다소 부합하지 않는 면이 있다. 실제로 인공지능 개발자들이 주장하는 바도 그렇다.

이들은 인공지능 이용자가 창작이나 발명과 관련하여 전문지식이 없는 경우를 예로 든다. 인공지능이 이용자의 요청에 따라 스스로 자료를 확보 및 학습한 후 창작이나 발명하였다면 실질적으로 창작과 발명에 인공지능이 기여한 바가 거의 대부분이라 할 수 있다. 이런 경우라면 이용자가

아닌 인공지능이 창작과 발명에 대한 정당한 권리자가 아
닐까? 인간이 아니기에 권리의 주체성이 없어 권리자가 되
지 못한다면 최소한 창작자나 발명자로는 기재되어야 하지
않을까? 즉 진실한 창작자나 발명자를 표시하지 못하는 도
덕적인 이슈를 어떻게 해결할 것인지 문제가 남는다.

그렇다면 챗GPT가 창작한 창작물에 대해서 개발자나 조작
자를 권리자로 하고 인공지능을 창작자로 하여 권리를 인
정하는 것은 가능할까?

2 챗GPT를 창작자로 명시할 수 있을까?

이것은 그리 단순한 얘기가 아니다. 챗GPT가 창작한 창작
물에 대해서도 저작권을 인정할 수 있는지에 대한 문제이
기도 하다. 창작자와 저작권자가 서로 다른 경우 창작자가
저작권자에게 저작권을 양도한 것으로 해석해야 한다.따라
서 창작자로 기재하기 위해서는 저작권을 가질 수 있어야

만 한다. 저작권법은 저작물을 '인간의 사상 또는 감정을 표현한 창작물'로 정의한다. 즉 저작물을 만들어낼 수 있는 주체를 인간으로 전제하고 있다. 하지만 작가가 챗GPT를 이용해 작품을 만들 때 단지 질문을 몇 글자 입력한 정도에 지나지 않는다면 그 작가를 저작권자로 인정할 수 있을까? 저작권이 애초에 부여될 수 없는 챗GPT가 저작권을 개발자나 이용자에게 양도하는 것도 법률 해석상 괴리감이 있다.

챗GPT가 창작한 창작물이 저작물인지 판단하기 위해 앞서 언급한 저작권법 제2조를 다시 살펴보자. 저작물은 법 규정상 인간의 사상 또는 감정을 표현한 창작물이야 한다. 인간의 사상 또는 감정을 표현해야 하고, 창작성이 존재해야 한다. 챗GPT가 창작한 창작물은 인간의 사상 또는 감정을 표현했다고 보기 어려운 측면이 있다. 이때 위에서 다룬 인간의 창작에 대한 관여도 또는 기여도가 얼마나 되는지가 중요한 이슈다. 인간이 챗GPT를 보조적으로 활용하여 창작하였다면 저작물로 보호할 수 있다. 그러나 인간의 기여도가 매우 낮은 경우, 즉 창작의 방향을 설정하거나 창작을 명령한 정도에 불과하다면 이런 결과물에는 저작물성이 없다고 볼 가능성이 높다. 챗GPT는 저작권자나 창작자가 될 수 없을 뿐만 아니라 인간의 창작 기여도가 매우 낮은 상태에서 챗GPT가 창작한 창작물에 대해서는 누구에게도 저작권이 인정되지 않을 수도 있다는 것이다. 저작권법도 결국 본질적인 목적은 창작 의욕의 고취를 위해 먼저 창작한 자에게 일정한 정도의 배타적인 권리를 주자는 것이기 때문이다.

창작성 또한 저작물성과는 별도로 평가되어야 한다. 기본적으로 저작권법에서는 높은 기준의 창작성을 요구하지는 않는다. 다른 저작물과 구별할 수 있을 정도면 충분하다. 따라서 대부분의 경우 인공지능의 창작물은 창작성을 인정받기에 충분할 수 있으나 기존 작품들의 단순 결합에 불과하다면 부정당할 수도 있다.

3   누가 저작권자가 되어야 할까?

업무상 저작물이 아닌 이상 저작권은 저작물을 창작한 자에게 있어야 한다(저작권법 제2조 제2호). 앞서 살펴본 바와 같이 챗GPT의 창작과 관련된 사람으로는 개발자, 투자자, 소유자, 이용자가 있다. 권리의 귀속 관계를 따지려면 해당 창작에 누가 얼마나 관여했는지를 개별적으로 살펴봐야 한다. 기본적으로는 챗GPT가 창작을 수행하도록 질문을 통해 조건과 키워드를 설정한 이용자가 사상과 감정을 저작물에 표현하도록 한 자로서 저작권 귀속 주체가 되기에 가장 적절할 것이다.

하지만, 이용자는 단순히 글을 쓰거나 그림을 그리라는 명령을 내린 정도에 불과하고, 개발자가 인공지능에게 그림들을 학습시키고 특정 그림을 그릴 수 있도록 모든 개발을 마친 정황이 있다면 달리 평가될 수 있다. 물론 누구도 창작적 기여를 한 것으로 보기 어렵다면 공공의 영역이 된다.

사람의 관여도에 따라 누가 올바른 저작권자가 되어야 하는지 판단하기 위해서는 창작의 과정을 단계별로 나누어 분석해볼 필요가 있다. 보통 창작은 아래의 단계를 거쳐 이루어진다.

(1) 관찰

관찰은 주변 사물이나 상황에서 아이디어를 얻고 이를 구체화하고 표현하는 데 필요한 자료를 수집하는 과정 모두에 해당하는 매우 포괄적인 개념이다. 표현하고자 하는 바가 명확할수록 이미지, 특징, 사물 순으로 좁혀 들어가며 관찰하게 된다. 창작의 종류에 따라 관찰과 자료 수집의 방법, 시기, 기간은 모두 달라질 수 있다. 관찰은 아이디어를 떠올리는 데 핵심이 되는 경험을 의미하기도 한다. 인공지능으로 치자면 학습하는 과정인 것이다. 인공지능은 학습을 통해서 세상을 관찰한다.

(2) 영감

영감은 창조적인 일의 계기가 되는 착상이나 자극을 의미한다. 즉, 세상을 관찰하는 과정 속에서 어떤 자극이 주어지게 되면 이 자극이 바로 아이디어의 발상으로 이어질 수 있다. 현재 단계에서 인공지능은 스스로 영감을 받을 수 없으므로 인간에 의해 키워드가 입력되는 방식으로 영감을 얻게 된다. 물론 기술의 발전에 따라 인공지능이 어떠한 명령이나 조건 없이도 창작할 수 있게 된다면 스스로 영감을 받는 것으로도 볼 수 있겠다.

(3) 발상

발상이 창작의 첫 단계라는 견해도 있다. 발상은 무엇을 만들고자 하는지, 어떤 메시지를 전달하고자 하는지 고민하는 단계로, 연상이나 상상에 의해 떠오르는 사물 및 사건의 이미지를 재구성해서 새롭게 조직하고 창조하는 것을 말한다. 즉, 어떠한 아이디어를 산출하는 과정이다. 아이디어는 '무'에서 '유'를 창조하는 과정보다는 이미 존재하는 '유'에서 다른 '유'로 엮어내는 연상 과정에서 형성되는 경우가 많다. 이미 가지고 있는 것들을 연결하기 위해 상상력을 이용하는 것이다. 아이디어의 발상은 새로운 아이디어를 떠올리는 정도로 족하다. 실현 가능성 혹은 이를 실제로 만들어내는 것과 같은 문제는 다음 단계로 넘길 수 있다.

(4) 구체화

구체화는 영감을 통해 발상이 이뤄진 추상적인 아이디어를 구체적인 실현 가능한 모델로 구현해내는 과정을 의미한다. 물론 이 과정에서 아이디어를 실현시킬 필요까지는 없다. 소설을 쓴다면 어떤 캐릭터를 등장시킬지, 캐릭터 간에 구체적으로 어떤 서사를 부여할지, 어느 정도의 갈등을 거쳐 결론에 이르게 할지 등 대략적인 뼈대를 잡아보는 단계다. 표현하기 곤란한 점이나 세부적으로 생각해야 할 부분을 미리 고민해 보는 과정으로, 이미 경험을 통해 창작이 익숙해진 사람들이라면 이 과정을 생략할 수도 있다. 구체화하는 과정에서 당초 떠올렸던 아이디어의 특징이 바뀌거나 새로운 이미지가 추가되는 등 처음에 생각하지 못했던 디테일이 구체적으로 드러나기도 한다. 실현 가능한지, 이미 있는 아이디어와 충돌하는 부분은 없는지 등을 검토하기 위해 다른 사람들의 의견을 듣거나 자료조사를 하기도 한다.

(5) 표현

표현은 구체화된 아이디어를 표출하는 과정이다. 그 결과물은 글이 되기도 하고 그림이 되기도 한다. 초안을 작성하고, 초안을 기반으로 수정 및 보완하는 작업을 거치기도 한다. 내용과 구조 등을 다듬고 완성도를 높이는 과정이며 시간과 노력이 가장 많이 들어가는 부분이다.

(6) 검토

작품을 완성한 후, 다른 사람에게 검토 및 피드백을 받는 과정이다. 이를 통해 작품의 장단점을 파악하고 보완할 부분을 찾기도 한다. 지속적인 수정이 필요할 수 있다.

(7) 공개

출판이나 공연, 전시 등의 형태로 대중에게 공개되는 과정이다. 저작권은 창작 시에 발생하는 것이 원칙이므로 공개는 그 요건이 아니기는 하나, 공개되지 않은 작품일 경우 차후 표절당했을 때 의거성 요건을 충족시키기 어려울 뿐만 아니라 공개되지 않은 작품의 재산적 가치는 산정하기 어려우므로 어떤 식으로 공개가 되는지, 이로 인해 누가 어느 정도의 이득을 확보하는지는 분명히 중요한 요소로 평가될 수 있다.

저작물의 종류에 따라서 단계 중 일부는 생략 치환되거나 추가적인 단계가 존재할 수도 있다. 표현이 가장 많은 시간을 차지하는 경우도 있고(소설, 그림), 관찰이나 영감, 구체화 등에 더 많은 시간을 할애하는 경우도 있다(사진, 시). 챗GPT는 아직 그림이나 사진 같은 것은 창작하지 못하니 이들은 논외로 하겠다. 챗GPT를 통해 창작을 수행할 때 인간이 가장 많이 개입할 수 있는 부분은 영감이나 발상의 단계다.

챗GPT는 관찰(학습), 자료수집, 분석 그리고 표현을 수행한다. 하지만 저작물로서 가장 중요한 요건은 외부적으로 표현되어야 한다는 점이다. 저작권법은 아이디어나 콘셉트를 보호하는 것이 아니기 때문이다. 인간이 만든 아이디어나 콘셉트일지라도 결국 이를 표현해내는 주체가 챗GPT인 이상 저작물의 권리는 챗GPT에게 있거나, 아니면 공공의 영역인 것으로 보아야 할지가 계속 의문으로 남는다.

하지만 저작권법에서 저작물의 창작성을 인정할 때 표현하는 행위만을 고려하는 것은 아니다. 예컨대 만화의 스토리 작가들이 스토리를 창작하여 시나리오 또는 콘티 형식으로 만화가에게 제공하였고 만화가가 이를 작업하여 만화가 완성된 사건이 있었다. 스토리 작가와 만화가가 공동 창작의 의사를 가지고 맡은 부분을 창작함으로써 주제, 스토리와 그 연출 방법, 그림 등의 유기적인 결합으로 만화가 완성되어 각 기여 부분을 분리하여 이용할 수 없는 공동 저작물에 해당하는 경우 이를 공동 저작권이라 본 바 있다(서울북부지방법원 2008. 12. 30. 선고 2007가합5940 판결).

즉, 인간이 아이디어를 떠올려 이를 구체화한 후 챗GPT를 통해 표현했다면 직접 표현에 관여하지는 않았다 하더라도 저작권이 인정될 수 있다. 이런 경우 챗GPT는 자료수집과 표현을 위한 도구로 사용된 것에 불과하다.

하지만 사람이 챗GPT에게 소설을 쓰라는 명령만 내린 상태에서 챗GPT가 알고 있는 단어를 조합하여 그럴듯한 소설을 쓴 경우라면 어떻게 될까? 예컨대 앞에서 단순히 소설을 써달라고 하자 챗GPT가 창작한 〈잃어버린 기억의 발견)은 사람이 챗GPT의 소설 쓰는 기능을 촉발하였을 뿐 소설을 어떻게 구성할지와 같은 자세한 아이디어에 대해 전혀 개입하지 않았다. 영감도 발상도 아이디어의 구체화도 없었다. 이런 경우 사람에게 저작권을 인정할 수 없으니 이를 공공의 소유로 보아야 할 것이다. 내용에 디테일을 살리기 위해 추가적인 질문을 보완한 경우라면 기여한 부분이 일부 있으므로 저작권이 부분적으로 인정될 가능성이 있다.

4 챗GPT의 창작물이 타인의 저작물과 유사하다면 저작권 침해로 볼 수 있을까?

타인의 저작권을 침해했다는 판단을 내리려면 그 타인의 창작물에 대해 저작물성이 인정되어야 하고, 타인의 저작물에 의거하여 침해물이 창작되었어야 하며, 저작물과 침해물 사이 실질적 유사성이 존재해야 한다. 챗GPT가 생성한 창작물이 타인의 저작물에 의거하여 작성되었는지 판단하기는 어렵지만, 법원에서는 실제 타인의 저작물을 보고 창작

했다는 명확한 근거를 요구하는 것이 아니라 타인의 저작
물임을 인식할 수 있었을 가능성 여부에 집중한다. 따라서
침해물과 저작물이 서로 실질적으로 유사하다고 가정하면
저작권 침해가 발생할 소지가 있는 것이다. 하지만 챗GPT
가 생성한 침해물이 타인의 저작권을 침해한다면 손해배상
의 책임은 누구에게 지워야 할까? 챗GPT에게 저작권이 부
여되지 않는 현 법제하에서 권리 없는 의무만 주는 것은 다
소 부당하다. 권리능력이나 소송능력이 없는 한 챗GPT는
아무리 타인의 저작물과 비슷한 작품을 생성한다 하더라도
저작권 침해에 따른 책임을 지지 않는다.

　　침해물의 생성에 인간의 관여도가 높은 경우였다면 인
간의 행위가 창작에서 중요한 부분을 차지하므로 고의 과
실 여부에 따라 관여도가 높은 인간에게 저작권 침해 책임
을 물을 수 있다. 인간이 단순 키워드 정도를 입력한 경우라
면 어떨까? 인간이 단순히 "펭귄이 나오는 동화를 만들어
줘."라고 했다거나 "주인공이 어린 시절 자신을 가해한 사람
과 그 주변인들에 대해 복수하기 위한 과정을 드라마 플롯
으로 써 줘."라고 한 정도에 불과하다면, 그 결과물이 이미

있는 저작물과 실질적으로 유사하다 하더라도 이러한 행위에 침해의 고의성이 인정되기는 어려울 것으로 보인다. 따라서, 일반적으로 이러한 행위에 저작권 침해에 대한 손해배상 책임을 묻기 어렵다. 다만 만들어진 창작물이 타인의 저작권 권리 범위에 속하는 것을 알고도 이후에 창작물을 무단 배포하는 경우라면 저작권 침해 요소가 될 수 있다. 문제는 이런 창작물이 이미 배포된 뒤라면 저작권자는 이미 손해를 본 상태라는 것이다. 따라서 저작권자는 손해를 모두 보전받기 어려울 수 있다.

챗GPT를 써서 만들어진 결과물을 이용한 사람도 예상하지 못한 타격에 억울하기는 마찬가지다. 타인의 저작권을 침해했는지 알아보기도 어렵기도 하고, 챗GPT가 내 명령에 따라 만들어준 결과물이니 문제없다고 생각하는 것이 일반적이기 때문이다. 이때 개발자에게 일부 책임을 전가할 수 있을까? 제조물책임법을 적용하여 개발자, 소유자가 자신이 개발한 인공지능(챗GPT)이 타인의 저작권을 침해할 가능성이 있었는지를 사전에 알았는지, 알았음에도 이를 용인하였는지를 살펴볼 수는 있을 것이다. 예컨대 해당 챗GPT

가 정말 우연히 유사한 작품을 만들어낸 것인지, 해당 저작
물을 일부러 학습하도록 코딩된 것은 아닌지, 사전에 침해
를 예견할 가능성은 없었는지, 저작권 침해가 발생할 경우
이에 대한 통제가 가능하도록 설계되었는지 등을 살펴봐야
한다.

강한 인공지능의 경우 스스로 자료를 수집해서 창작을 수
행한다면 인공지능에게나 인간에게 저작권 침해의 책임을
묻기 쉽지 않다. 하지만 강한 인공지능과 약한 인공지능을
구분하여 저작권 침해를 묻기도 하고 묻지 않기도 하는 경
우가 생긴다면 구별의 모호함을 틈탄 범죄가 성행할 수 있
다는 어려운 문제가 남는다.

5 챗GPT의 창작물을 업무상 저작물로 볼 수 있을까?

업무상 저작물이란 법인, 단체, 그 밖의 사용자의 기획 하에
법인 등의 업무에 종사하는 자가 업무상 작성하는 저작물

이다. 창작자가 별도로 있더라도 법인 등의 명의로 공표되는 업무상 저작물은 그 법인이 저작권자가 된다. 원천적으로 저작권자가 법인이 되는 것으로, 유사한 제도인 특허의 직무발명***과 달리 승계 절차를 요하지 않는다. 챗GPT의 창작물을 이용자의 업무상 저작물로 보자면 양도하는 절차 없이 챗GPT가 생성한 결과물을 이용자의 저작권으로 귀속시킬 수 있어 법 해석상 용이해진다는 장점이 있다. 예를 들어 챗GPT가 생성한 결과물이 타인의 저작권을 침해하는 경우에도 그 결과물을 이용한 이용자가 타인의 저작권을 침해하는 것으로 해석할 수도 있다.

하지만 저작권법에서는 업무상 저작물의 저작자를 '업무에 종사하는 자'로 정의하고 있다. 챗GPT는 오픈AI에 의해 개발된 인공지능이고, 다른 사람들이 무상 또는 유상으로 사용할 수 있는 플랫폼 형식의 인공지능에 해당하므로, 타인의 업무에 종사하는 자로 보기 어렵다. 그 외에도 법문

*** 고용계약에 의해 회사(사용자)에서 일하는 종업원(발명자)이 직무수행 과정에서 개발한 발명

상 업무에 종사하는 '자' 즉 인간을 염두에 두고 있기 때문에 챗GPT의 업무상 결과물을 업무상 저작물로 보기는 아직 어렵다.

6   챗GPT가 타인의 저작물을 무단으로 이용하는 것에는 아무런 문제가 없을까?

이 책은 챗GPT가 창작한 창작물에 대한 저작권 인정 여부에 초점을 맞추고 있기는 하나, 최근 챗GPT뿐 아니라 인공지능의 딥러닝 과정에서 제3자 저작권 침해 가능성에 대한 논의가 끊임없이 제기되고 있어 이에 대해서도 일부 다뤄 보고자 한다.

인공지능이 딥러닝을 위해 타인의 저작물을 이용하는 경우 일반적으로 인공지능이 어떤 자료를 수집하고 있는지 모니터링하기는 쉽지 않다. 알파고가 다른 사람들의 기보를 무단으로 수집할 때도 그랬지만 인공지능이 저작물을 이용하는 데 있어 효과적인 규제 수단이 없다는 문제가 있다.

빅데이터를 활용한다는 것은 방대한 정보를 수집하고, 수집된 정보를 복제하고 분석하여 새로운 가치를 창출하고, 이를 창작, 공표 그리고 이용하는 것이다. 데이터 마이닝(Data miming)이라고도 한다. 일반적으로는 이러한 이용을 공정이용(Fair use)으로 본다. 유럽 의회에서는 유럽연합 디지털 단일 시장 저작권 지침의 4조를 개정하여, 적법하게 접근한 저작물 등의 복제와 추출에 대해 저작권 행사가 일부 제한되도록 했다. 2019년 일본도 정보분석 용도로 이용되는 데이터 마이닝은 공정이용으로 보는 것으로 개정하였다. 미국은 법에 명시되어 있지는 않으나 다수의 판례를 통해 빅데이터의 활용을 공정이용으로 인정하는 추세다. 미국 작가 조합(Authors Guild, Inc)과 구글(Google Inc)의 저작권 소송에서 구글이 서적 수백만 권을 디지털 사본으로 만들어 구글 북스로 제공한 것에 대해 변형적 이용으로 공정이용이라고 판시한 바 있다. 폭스 뉴스(Fox News Network, LLC)와 티비아이즈(TVEyes, Inc)의 소송에 대해서도 방송 콘텐츠를 녹화 및 데이터화하여 제공한 것이 검색과 시청 기능을 제공한 것에 불과하므로 공정이용이라고 판결하였다. 따라서 타인의 저작물을 데이터화 하더라도 인간의 향유를 목적으로 하지 않는 빅데이터를 활용한 딥러닝 및 이를 위한 저작물 복제 행위는 저작권 침해로 인정될 가능성이 낮아졌다.

하지만 데이터 마이닝 중 타인의 정보를 수집하는 과정에서 통신망 침입이라고 하는 정보통신망법 위반에 가까운 행위가 발생할 수 있다. 수집된 정보를 복제하는 것도 저작권법상 저작물의 복제가 발생한다. 분석 및 새로운 가치를 창출하는 과정에서는 전송이나 편집 또는 2차 저작물이 창작될 가능성도 있다.

이러한 불법적인 행위들이 존재하지만 이들은 인간의 통제 내에 있지 않다. 무작위적이고 비체계적으로 이루어지고 있다. 즉, 인간이 고의성을 가지고 특정 정보를 갈취한 것이 아니라 공중에 공개된, 누구나 접근 가능한 데이터를 무작위로 수집한 것이기 때문에 고의성이 부족하다. 그 외에도 아무런 의미 없이 잠자고 있는 데이터에서 새로운 의미와 정보를 창출하는 것이기에 현재로서는 저작권 침해의 족쇄를 풀어준 것이다.

7   Q & A

___

지금까지 내용과 관련한 질문들과 이에 대한 답변을 아래
에 간단하게 정리했다.

Q   챗GPT를 활용하여 만든 창작물을 상업적으로 이용할
    수 있는가?

A   현행법상 챗GPT를 활용하여 창작물이 만들어진다 하
    더라도 챗GPT에는 저작권이 인정될 가능성이 없다. 물
    론 개발자인 오픈AI에게도 챗GPT를 활용한 창작물에
    대한 저작권이 인정되지 않는다. 따라서 챗GPT를 활
    용해 창작하더라도 이를 상업적으로 이용하는 데는 아
    무런 문제가 없다. 챗GPT를 활용한 본인은 물론 누구
    에게도 저작권이 인정되지 않는 공공의 영역에 해당할
    수 있기 때문이다. 따라서 챗GPT가 작성한 글을 바로
    출판하거나 챗GPT가 작성한 글을 기반으로 글을 다듬
    어 출판하는 데는 아무런 문제가 없다. 출판한 책에 대
    한 저작권 이슈는 여전히 남을 수 있는데, 이것도 국가

마다 다르고 챗GPT가 작성한 글에 인간이 어느 정도 관여했는지에 따라서도 다를 수 있다. 앞에서 한 것처럼 소설을 한 편 써달라고 한 정도라면 현행법상 공공의 영역에 해당할 것이나, 자세한 플롯과 캐릭터 설정 및 서사의 흐름 등 구체적인 설정이 제공된 상황에서 챗GPT가 이를 글로 표현해준 정도에 불과하다면 이용자에게 저작권을 인정할 수도 있을 것이다.

Q 챗GPT를 통해 아이디어를 얻은 경우 출처 표기를 해야 하는가?

A 챗GPT는 저작권자가 될 수 없으므로 공동저작자로 표기할 수 없다. <사이언스>나 <네이처> 등에서는 챗GPT를 공동저자로 기재한 논문을 승인하지 않는다. 하지만, 표절에 대한 논란을 피하기 위해서 출처 표시 정도는 필요할 것이다. 챗GPT가 작성한 내용을 인용했음에도 별도 표시 없이 사용한다면 저작권이 챗GPT에게 있는지 여부와 상관없이 표절 시비에 휩싸일 수 있기 때문이다. 표절은 저작권 여부와 상관없다. 저작권 침

해가 타인의 재산권을 침해하는 행위라면 표절은 글의 일부 또는 전부를 베끼면서 자신의 독창적인 산물인 것처럼 공표하는 행위를 의미하기 때문이다.

따라서 챗GPT가 작성한 글을 인용 또는 이용한 경우 챗GPT를 이용해서 제작했다는 표기를 할 필요는 있다. 물론 표시하지 않더라도 아무도 모르겠지만 올바른 출처 표시는 양심의 문제다.

Q 챗GPT로 쓴 책의 저작권은 출판사에게 있는가?

A 챗GPT로 쓴 책의 저작권 귀속은 관여 정도에 따라 다를 수 있겠지만 보통은 챗GPT를 이용한 자에게 있다고 볼 수 있다. 출판사가 대부분의 발상과 기획을 하고 작가가 이를 이용하여 질문을 다르게 하였다면 출판사에게 저작권이 인정될 가능성도 있다. 때에 따라서 출판사와 이용자인 작가 모두에게 공동저작권이 인정될 가능성도 있다.

Q 챗GPT를 사용한 해외 저작물을 번역할 때 특별한 절

차가 필요한가?

A 단순히 번역해서 개인적으로 사용한다면 아무런 문제가 되지 않는다. 번역을 해서 출판하는 경우라면 2차 저작물에 해당하므로 원저작권자의 동의가 필요하다. 이후에는 챗GPT를 이용해 번역을 하든 구글 번역기를 이용해서 번역하든 번역 회사에 용역을 맡기는 것과 다르지 않다.

Q 내가 챗GPT를 통해 생성한 창작물이 다른 사람이 챗GPT를 사용해 생성한 창작물과 거의 같은 내용이라면 표절에 해당하는가?

A ① 두 사람 모두에게 저작권이 인정되지 않는 경우
나와 상대방 모두에게 저작권이 없는 경우, 예컨대 '시 한 편 써줘', '글 한 소절 지어 줘' 정도의 단순 트리거로 작성된 창작물이라면 두 사람 모두에게 권리가 인정되지 않으므로 저작권 침해 소지도 없다.

② 두 사람 모두에게 저작권이 인정되는 경우

내가 먼저 챗GPT를 통해 창작물을 생성했고, 그것이 공개된 상황에서 상대방이 실질적으로 동일한 챗GPT 창작물을 공개했다고 가정하자. 그리고 둘 모두에게 저작권이 인정될 가능성이 있다면, 즉 두 창작물 모두 자세한 설정과 내용을 기반으로 생성된 경우라면 나중에 공개된 상대방의 창작물이 내가 공개한 창작물의 저작권을 침해할 가능성이 있다.

하지만 나의 창작물이 공개되지 않은 상태라면, 저작권 침해 요건인 먼저 생성된 저작물에 의거하여 창작되어야 하는 점을 만족할 수 없다. 그리고 내가 생성한 창작물과 상대방이 생성한 창작물이 실질적으로 유사하지 않다고 판단되는 경우에도 저작권 침해 소지는 없다.

③ 둘 중 한 사람에게만 저작권이 인정되는 경우

먼저 챗GPT를 이용하여 생성한 창작물의 저작권이 인정되지 않는 경우라면 큰 문제가 없다. 먼저 챗GPT를 이용하여 창작한 사람에게 저작권이 인정되고 나중에 챗GPT를 이용해 만든 창작물이 단순 트리거로 작성되어 저작권이 인정되지 않을 경우, 두 저작물이 실질적으로 동일하다면 문제가 될 수 있다. 다시 말해 선 창작물의 학습을 통해 이와 유사한 후 창작물이 나온 경우라면 문제가 된다. 이는 앞에서 살펴본 바와 같이 인간에게 고의나 과실이 없고 챗GPT는 권리귀속 주체가 아니어서 일반적으로 손해배상을 인정받기 어렵다. 먼저 생성된 창작물과 실질적으로 유사하다는 것을 알고 난 뒤에도 저작물을 배포했다면 일부 손해배상 청구를 할 수 있으나 저작권자의 손해를 모두 보전받기는 어려울 수 있고, 챗GPT를 신뢰하여 결과물을 활용한 사람도 불의의 타격을 입을 수 있다는 문제점이 있다. 제조물책임법을 적용하기도 만만치 않아 이를 방지하기 위한 입법적 해결이 필요하다. 예컨대 타인의 저작물을 학습하는 경우 최소 몇 퍼센트 이상은 유사한 부분이 없이 창작하도록 인공지능을 개발하는 것을 의무화하는 등 타인의 저작권 침해를 방지하기 위한 조치를 취하도록 할 필요가 있다.

Q   챗GPT를 프로그래밍에 활용한다면 챗GPT가 사용한 소스코드의 라이선스를 찾아서 기재해야 하는가?

A   굉장히 논란이 많은 부분이다. 특히 오픈소스 라이선스 침해 논란이 크다. 오픈소스의 경우 무료로 이용할 수 있기는 하지만 엄격한 라이선스 규정이 있다. 자세한 내용은 오프소스마다 조금씩 다른데, 주로 소스코드 내부나 홈페이지 등에 명시되어 있으니 잘 확인하고 고지하여야 할 필요가 있다.

챗GPT도 그렇지만 코파일럿(Copilot)이라고 하는 인공지능 기반 코드 생성기의 경우 깃허브(GitHub)의 소스코드 데이터를 학습한 결과로 출력물을 생성하면서 오픈소스 라이선스 표시 의무를 다하지 못했다고 한다. 결국 깃허브 사용자들이 모여 마이크로소프트, 오픈AI를 상대로 집단 소송 중이다.

문제는 챗GPT 등 생성형 인공지능을 활용하여 코드를 생성하면 챗GPT가 사용한 소스코드의 라이선스를 이용자로서는 알기 어렵다는 것이다. 이는 라이선스 고지 의무 위반이 되기 쉽다. 챗GPT가 오픈소스를 무작위로 사용하고 있는 현재로서는 챗GPT를 활용하여 상업적 코딩을 하는 것이 바람직하지 않을 수 있다.

Q 챗GPT를 통해 맞춤법 교정 작업을 진행한다면 저작권 표기를 해야 하는가?

A 맞춤법 교정은 저작권과는 무관하다. 워드 프로그램을 사용해 맞춤법을 교정한다고 하여 저작권을 표기할 때 워드 프로그램을 포함시키지 않는 것처럼 챗GPT를 활용하여 맞춤법을 교정했다고 저작권 표기를 할 필요는 없다.

Q 챗GPT를 통해 데이터 분석을 진행한 자료를 창작물에 사용한다면 저작권 표기를 해야 하는가?

A 오롯이 챗GPT를 활용해 분석한 데이터는 챗GPT를 활용하였음을 표기할 필요는 있다. 다만 단순히 계산 용도로 챗GPT를 사용한 경우라면 엑셀의 함수 기능을 사용한 것과 크게 다르지 않으므로 굳이 챗GPT를 사용하였음을 표기하지 않아도 무방하다.

Q 챗GPT를 기반으로 한 다른 챗봇(예: 카카오톡 AskUp)으로 만든 창작물의 출처 표기는 어떻게 해야 하는가?

A 챗GPT를 활용한 것과 다르지 않다. 챗GPT를 기반으로 하였다 하더라도 다른 챗봇을 통해서 받은 내용인 만큼 그 챗봇을 활용하였음을 간단하게 표시하면 된다. 다만 이 부분은 향후 입법적인 과정을 통해 변경될 수 있다.

7

챗GPT 창작물에 대한
특허권 가이드

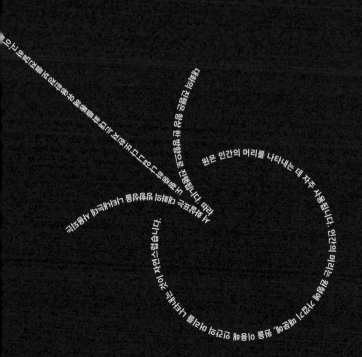

현재까지 챗GPT는 단어를 조합하여 소설이나 보고서 정도
를 쓰는 데 특화되어 있는 것으로 보인다. 하지만 정보수집
능력이 있고, 이를 토대로 타인의 선행 발명을 회피하면서
발명을 수행하는 능력도 어느 정도 있는 것으로 보인다. 앞
으로 점차 버전 업그레이드가 이루어지면 발명을 위한 아
이디어를 제공했을 때 이를 구체화하는 정도는 수행할 수
있지 않을까?

1   챗GPT는 특허법상 권리자가 될 수 있을까?

일단 챗GPT에게 발명을 할 능력이 있는지 확인해보자.

- ● 온라인으로 진행되는 크레인 게임기에 대해서 이용자들이 실
시간으로 실감 나는 게임을 즐길 수 있도록 영상 제공을 하기
위해 통신 알고리즘에 관련된 발명을 해 줘.
- ↘ 크레인 게임기의 통신 알고리즘 개선을 위한 발명으로, 게임
기 내부의 상태와 사용자의 입력에 대한 처리를 빠르고 정확

하게 전달하기 위한 방법을 제안합니다.

우선, 게임기 내부의 상태와 사용자의 입력을 빠르게 전달하기 위해 빠른 전송 속도와 안정성이 필요합니다. 이를 위해 게임기와 서버 간의 통신에 사용되는 프로토콜을 개선하고, 데이터 압축 기술을 도입하여 전송 속도를 높일 수 있습니다.

또한, 게임 진행 중에 발생할 수 있는 지연 현상을 최소화하기 위해, 사용자의 입력을 미리 예측하여 처리하는 기술을 도입할 수 있습니다. 예를 들어, 사용자가 크레인을 움직이는 방향을 정확하게 예측하여 게임기 내부에서 이미 처리되도록 함으로써, 사용자의 입력과 게임 상태 간의 시간차를 최소화할 수 있습니다.

이와 함께, 사용자가 게임 진행 중에 실시간으로 보여지는 화면이 부드럽고 자연스러워야 하므로, 영상 인코딩 기술을 도입하여 화면의 해상도를 유지하면서도 데이터 용량을 최소화할 수 있습니다. 이를 통해, 사용자가 게임 화면을 더욱 실감나게 경험할 수 있습니다.

따라서, 이러한 기술들을 종합적으로 적용하여 크레인 게임기의 통신 알고리즘을 개선함으로써, 사용자들이 더욱 즐거운 게임 경험을 누리도록 할 수 있습니다.

특허를 받을 수 있는지와는 별개로 생각보다 구체적인 해결방안을 내어놓았다. 이 자체만으로 발명이 완성된 것은 전혀 아니며 발명의 발상 정도에 해당하는 것으로 보인다. 이어서 다음과 같은 명령을 내려보았다.

● 통신에 사용되는 프로토콜을 개선하기 위한 방안을 하나 제안해 줘.

↘ 프로토콜의 개선을 위한 방안 중 하나는 현재 사용되는 프로토콜의 효율성을 높이기 위한 개선입니다. 예를 들어, 현재 많이 사용되는 TCP 프로토콜은 신뢰성 있는 데이터 전송을 위해 데이터를 나누어 전송하고, 데이터가 제대로 수신되지 않았을 경우 다시 전송하는 기능을 가지고 있습니다. 하지만 이 기능은 데이터 전송 속도를 느리게 만들 수 있습니다.

따라서, 이러한 효율성 문제를 해결하기 위해 새로운 프로토콜을 개발하는 것도 방안 중 하나입니다. 예를 들어, UDP(Unreliable Datagram Protocol)는 데이터 전송을 빠르게 처리할 수 있는 프로토콜로, 신뢰성 있는 데이터 전송은 보장하지 않지만, 데이터 전송 속도가 빠르기 때문에 실시간 게임과 같은 애플리케이션에서 많이 사용됩니다.

또한, 기존의 프로토콜을 보완하는 방안으로는 캐싱(Cache) 기술을 활용할 수 있습니다. 캐싱은 이전에 전송된 데이터를 저장해두고, 다시 요청이 들어왔을 때 저장된 데이터를 이용하여 빠르게 응답하는 기술입니다. 이를 활용하면 데이터 전송 속도를 향상시킬 수 있습니다.

이처럼 조금 더 구체적으로 질문했을 때도 이미 있는 방법 중 적용할 만한 내용들을 알려줄 뿐 실제로 '무'에서 '유'를 창조해내지는 못한다.

아직 챗GPT는 학습 및 저장된 데이터에 기반하여 대답을 하는 챗봇에 불과하기 때문에, 결과물의 완성도가 매우 높기는 해도 세상에 없는 것은 발명하지 못한다. 이미 발명을 해낸 인공지능도 존재한다고 하니 챗GPT도 언젠가는 선행 특허를 조사하고, 이를 회피하여 발명을 해낼지도 모른다. 그렇게 된다면 챗GPT는 특허권자가 될 수 있을지, 아니면 발명자라도 될 수 있을지에 대한 논의가 대두될 것이다.

인공지능은 소프트웨어와 하드웨어의 결합체인 유체물로, 권리의 객체에 해당한다. 따라서 챗GPT가 특허권의 권리자가 되는 것은 현행법상 저작권과 마찬가지로 인정하기 어렵다. 특허권을 취득할 수 있는 자격은 민법상 주체가 될 수 있는 자연인 또는 법인에게 주어지므로, 자연인 및 법인이 권리 행위능력자가 될 수 있다. 인공지능이 현실적으로 발명을 하였다고 하더라도 그 주체성을 인정할 수 있는지에 대해서는 논의가 필요하다.

지식재산법제 하에서 주체성을 인정받는 자들은 창작자(발명자, 저작자)와 권리자(특허권자, 저작권자)이다. 기타 실시권자와 같이 권리를 간접적으로 향유하는 자도 있다. 특허법에서는 발명자가 특허를 받을 수 있는 자가 되는 것이 원칙이다. 특허법상으로는 특허를 받을 수 있는 권리만 별도로 양도 가능하다고 해석한다. 나아가, 직무발명과 같이 사용자의 업무 범위와 종업원의 직무에 해당하는 발명이면 발명자인 종업원이 사용자에게 그 발명을 자동으로 승계하는 규정을 하여도 합법이라고 해석한다.

그렇다면 챗GPT가 특허를 받을 수 있는 권리를 가질 수 있을까? 특허를 받을 수 있는 권리는 발명이 완성되었으나 특허로 출원하기 이전에 존재하는 권리를 의미한다. 특허법 제2조에서 발명은 '자연법칙을 이용한 기술적 사상의 창작으로서 고도한 것'을 말한다. 특허법에서는 발명의 요건에 사람이 발명하였을 것을 규정하고 있지는 않다. 하지만, 특허법 제33조에 규정된 바에 따르면, 발명을 한 사람 또는 승계인은 이 법에서 정하는 바에 따라 특허를 받을 수 있는 권리를 가진다. 특허를 받을 수 있는 권리는 발명을 한 사람이어야 한다고 법문상 명시되어 있는 것이다.

특허권자가 된다는 것은 권리를 소유하고 양도하거나 타인이 특허를 침해하면 이를 막기 위해 적극적으로 방어를 하여야 함을 의미한다. 무효가 된다면 심판의 방어자가 되어야 하기도 하고, 침해를 막기 위해서 소송을 제기할 수도 있다. 민법을 준용하는 우리나라 특허법 체계에서 자연인이나 법인격이 없는 인공지능은 권리를 가질 수 없는 무능력자에 해당한다. 소송을 할래야 할 수도 없고 권리가 생기지도, 이를 양도할 수 있는 능력이 부여되지 않는다. 따라서 현행법상 챗GPT가 특허권자가 되는 것은 다소 어렵다.

2   챗GPT는 최소한 발명자로 기재될 수 있을까?

앞서 언급했듯 발명의 정의는 '자연의 법칙을 이용한 기술
적 사상의 창작으로서 고도한 것'으로 규정되어 있다. 자연
법칙을 이용한다는 것은 인위적 약속, 인간의 정신활동, 자
연을 거스르는(무한동력 또는 기를 이용하는) 활동, 수학공
식 등을 제외하고 자연계의 이치나 현상을 이용하는 것을
의미한다. 기술적 사상은 제3자에게 전달될 수 있는 기술적
인 내용이어야 하고 지나치게 추상적이어서는 안 된다. 하
지만 반드시 실물로 구현되어 있을 것을 요구하지는 않는
다. 챗GPT가 문자로만 발명을 수행했더라도 어느 정도 구
체성이 있고 자연현상을 이용하는 것이라면 발명이 성립
할 수 있다. 발명이 성립하지 않는다면 산업상 이용 가능성
이 없으므로 특허는 거절된다. 발명이 성립하려면 해당 기
술 분야에서 통상의 지식을 가진 자가 목적하는 기술적 효

과를 얻을 수 있도록 구체적이고 객관적으로 기재되어 있어야 한다. 특허의 본질적인 목적은 '진보한 발명을 타인에게 공개함에 따라 독점적인 지위를 주고자 하는 것'으로 특허 문헌만으로도 발명을 실시할 수 있게 기재되어 있지 않다면 독점적인 지위를 줄 수 없다.

앞서 살펴본 바와 같이 한국 특허법 제33조 제1항에 따르면 발명을 한 사람 또는 그 승계인은 이 법에서 정하는 바에 따라 특허를 받을 수 있다고 규정하고 있다. 하지만 특허법 제2조의 발명의 요건에는 발명은 사람이 하여야 할 것이라는 규정을 두고 있지는 않다. 즉, 현재로서 인공지능이 특허권을 받을 수는 없지만 최소한 특허권에서 발명자로서 기재될 수 있는지는 문제가 된다.

　　발명은 사실행위로서 미성년자와 같이 행위능력이 없는 자도 발명자가 될 수 있고, 법정대리인을 통하여 특허를 받을 수도 있다. 발명자에 해당하기 위해서는 기술적 사상의 창작행위에 실질적으로 기여하기에 이르러야 한다 (2009다75178, 2011다67705).

특허법 제33조 제1항에 따르면 특허를 받을 수 있는 권리는 발명의 완성에서부터 거절 결정의 확정 또는 특허권 설정 등록 전까지 발명자가 가지는 권리다. 특허를 받을 수 있는 권리는 발명을 함과 동시에 아무런 조치 없이 원시적으로 발명자에게 귀속된다.

특허청이 발표한 <인공지능(AI)과 지식재산백서>에 따르면 우리나라에서는 발명자에 해당하는 경우로 발명의 기술적 과제를 해결하기 위한 구체적인 착상을 제시, 부가 보완한 자, 실험 등을 통하여 새로운 착상을 구체화한 자, 발명의 목적 및 효과를 달성하기 위한 구체적인 수단과 방법을 제공한 자, 구체적인 조언, 지도를 통하여 발명을 가능하게 한 자를 예시로 들고 있다.

반면 발명자에 해당하지 않는 경우로 단순히 발명에 대한 기본적인 과제와 아이디어만을 제공한 자, 연구를 일반적으로 관리만 한 자, 데이터의 정리와 실험만을 한 자, 발명의 완성을 후원·위탁하기만 한 자를 예시로 들고 있다.
이와 관련하여 다른 나라의 특허법을 살펴보자. 미국은 특허법 제101조에서 '발명하거나 발견한 사람(Whoever invents or

discovers)'이라는 표현을 사용하고 있고, 제115조에는 '자신, 개인 및 사람(Such individual believes himself or herself to be the original inventor)' 같은 표현을 사용하고 있다. 따라서 인간이 아닌 인공지능이 발명하였다 하더라도 이를 발명자로 인정할 만한 근거가 전혀 없다고 할 수 있다.

유럽 통합특허에 관한 규정인 유럽특허조약(EPC)에서는 발명자는 행위능력을 가진 인간이어야 한다고 명시한다. 다시 말해, 유럽 특허에 대한 권리는 이 조약의 발명자 또는 그 승계인(The right to a European patent shall belong to the inventor or his successor)이어야 한다고 규정하고 있는 것이다. 하지만 유럽 특허청에서는 발명자가 사람이 아니라고 해서 바로 특허를 거절하지는 않는다. 유럽특허조약 제81조에 따르면 출원자와 발명자가 다른 경우 이에 대해서 출원인이 서술하게 되어 있는데, 이때 하자가 발견되면 규정에 따라 거절 또는 기각의 결정을 하게 된다.

영국 정부는 인공지능이 창조한 지적재산의 보호 방법에 대하여 자문을 받아 답변을 내린 바 있다. 영국 정부는 현행 특허법상 인공지능은 발명 능력을 보유한 것으로 인정하고 있지 않으며, 인간의 조력 없이 인공지능에 의해 만들어진 발명품은 법적으로 특허를 받을 수 없다고 결정을 내렸다. 즉, 인공지능이 특허권자가 될 수 없고, 인공지능은 발명자로 기재될 수도 없으며, 인공지능에 의해서 만들어진 발명은 발명으로서 요건을 갖추지 못했다고 판단한 것이다.

독일도 특허법의 해석상 발명자는 자연인으로 지정되어야 한다고 한다. 하지만 작년 3월 독일연방특허법원에서 자연인만을 발명자로 인정하긴 하되 발명자를 기재할 때 인공지능에 대한 정보를 같이 기재하는 것까지는 허용한다는 판결이 나온 바 있다.

우리나라를 포함하여 각국의 특허법을 살펴본 바로는 인공지능을 특허권자는 물론이고 발명자로 기재하는 것도 쉽지 않은 것으로 보인다. 특허권의 경우 단순히 권리자로 기재되는 것이 아니라 권리의 주체로서 실시, 양도, 양수 등의 행위 능력과 필요에 따라 소송 능력을 요하기 때문에 권리의 객체인 인공지능에게 이러한 권리를 인정해주는 것은 어려울 것이다.

하지만, 특허권의 발명자에게는 양도할 수 있는 어떤 권리도 생기지 않는다. 다만, 이름을 특허에 기재할 수 있는 성명기재권 또는 명예권이 주어진다. 특허권 서지사항에 발명자 XXX라고 기재될 뿐인 것이다. 직무발명이 아닌 다음에야 돈을 요구할 수 있는 채권도 없고 누가 특허를 마음대로 사용한다고 해도 소송이나 이를 방어해야 하는 권리나 의무가 생기지도 않는다. 미국과 유럽에서는 진정한 발명자가 발명자로 기재되는 것을 굉장히 중시한다. 발명자로부터 정당한 절차를 거쳐 발명을 양도받아야만 회사는 특허를 출원할 수 있다. 만약 발명자가 제대로 기재되어 있지 않다면 특허는 권리를 행사하지 못하거나(Unenforceable) 무효 처분(Invalidation)이라는 무시무시한 처벌을 받을 수 있다. 따라서 발명자에게 여전히 어떠한 권리가 주어지는 것은 아니지만 발명자를 정확하게 기재해야 하는 것은 단순히 양심적인 문제가 아니라 법률적인 권리 문제이기도 한 것이다.

　나아가, 해당 발명을 하는 데 인간보다 인공지능의 기여도가 더 크다면 사용된 도구의 이름을 적겠다는 것을 굳이 막을 필요가 있겠는가. 필요하다면 발명자가 아니라 발명에 사용된 인공지능의 명칭 정도는 기재하도록 개정하는 것은 어떻겠는가 하는 의문점이 남는다.

즉, 어느 나라에서도 법이 개정되기 전까지는 발명자로 인공지능을 기재하는 것은 쉽지 않을 것으로 보인다. 관련하여 전 세계적으로 이 이슈를 널리 알린 스티븐 탈러(Stephen Thaler)와 다부스 사건을 살펴보자.

인공지능 다부스는 특허권의 발명자가 될 수 있을까?

미국의 인공지능 개발자 스티븐 탈러는 인공지능이 고안한 특허를 2019년 PCT제도를 통해 국제 출원하였다. 우리나라에는 2020년에 출원되었다. 이때 스티븐 탈러는 발명자를 인공지능의 이름인 '다부스(DABUS, The invention was autonomously generated by an artificial intelligence)'로 기재했다. 한국 특허청은 특허법상 자연인이 아닌 자는 발명자로 기재될 수 없다고 하며 보정을 요구하였다. 스티븐 탈러는 보정하지 않았고 결국 보정 기간이 지나 출원 자체가 무효되는 무효 처분이 내려졌다. 현재 탈러는 행정소송을 제기한 상태다. 스티븐 탈러 자신은 이 분야에 대한 전문 지식이 전혀 없으며, 자신이 개발한 인공지능이 스스로 자신도 모르는 2개의 서로 전혀 다른 발명을 해냈다고 주장하였다. 그중 하나는 내외부에 오목부와 볼록부가 구비된 프랙털 구조를 가져 용기 결합이 쉽고 열전달률이 높은 식품 용기이다. 다른 하나는 이번에 무효가 된 특허로, 신경 동작 패턴을 모방하여 눈에 잘 띄도록 만든 빛을 내는 램프라고 설명하고 있다.

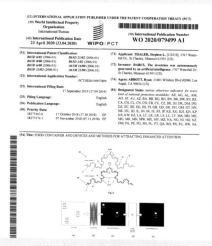

〈국제공개공보 제WO 2020/079499 A1호〉

    스티븐 탈러는 무려 16개 국가에 같은 형식으로 특허를 출원한 바 있다. 해외를 살펴봐도 우리와 결과는 크게 다르지 않은데, 미국과 영국은 특허를 거절한 상태이며 소송은 대법원에서 계류 중이다. 특히 미국은 발명은 자연인에 한정되어야 한다고 판단했다. 미국 특허법에는 사실 발명자가 자연인이어야 한다고 명시적으로 기재되어 있는 것이 아니라, 개인(Individual)이어야 한다고 되어 있으나 법원에서 이를 자연인으로 해석한 것이다.

    유럽과 호주에서도 스티븐 탈러의 특허 출원의 무효가 확정됐다. 호주에서는 1심 법원에서 인공지능 또한 발명의 주체가 될 수 있다는 놀라운 판결이 나온 바 있다. 1심 법원의 판사는 호주 특허법에 '발명자'라는 용어가 Agent로 해석될 수 있기 때문에 발명자는 인간에 한정되지 않는다고 판시하였다. 하지만 이는 항소심에서 뒤집혔다. 항소심에서는 발명자는 반드시 자연인이어야 한다는 주장과 함께 전원합의체를 구성하여 만장일치로 1심 법원의 판결을 뒤집어버렸다.

    독일에서는 다소 혁신적인 절충안이 나오기도 했다.

인공지능의 정보를 같이 기재하는 정도까지는 허락하기로 한 것이다. 독자적으로 기재될 수는 없지만 발명을 한 창작성을 일부 인정한 상당히 의미 있는 판결이라 볼 수 있다.

3 챗GPT의 창작이 특허법상 침해가 될 수 있을까?

인공지능은 권리의 주체가 아닌 권리의 객체에 해당하기 때문에 특허권이 인정되지 않는다. 심지어 인공지능이 독자적으로 발명을 하였다 하더라도 인간이 한 발명이 아니기 때문에 현재로서는 발명자로 기재될 수 없다. 나아가, 인공지능이 인간의 관여 없이 발명을 하였다면 그러한 발명은 인간의 행위가 포함되지 않은 발명에 해당한다. 이에 인간을 출원인으로 하여 특허를 출원한다 하더라도 원칙적으로는 발명하지 않은 자가 출원하게 되어 무권리자 출원이 되는 것이다. 인공지능에게는 특허받을 수 있는 권리가 생기지 않으므로 인공지능이 발명하고 이 권리를 양도하였다는 해석도 아직은 무리다.

그렇다면 챗GPT가 한 발명을 실시하였을 때, 이러한 실시가 타인의 특허의 권리 범위에 속하는 경우 인공지능의 행위가 특허를 침해한 것으로 볼 수 있을까? 현재 수준에서는 챗GPT는 발명의 방향만을 제시할 뿐이므로 특허를 침해하기는 쉽지 않다. 하지만 시간이 흘러 단순 채팅에 그치지 않고 적극적으로 프로그램을 코딩하여 인간에게 제공할 수 있다면 어떻게 될까? 인간이 그 코드를 받아 제품에 적용하는 것이 타인의 특허를 침해한 경우라면 인간의 행위가 타인의 특허를 침해한 것으로 볼 수 있지 않을까?

기본적으로 인공지능은 권리의 주체성이 없어 도구로서 인공지능 자체가 타인의 특허를 침해하는 것은 불가능하다. 특허의 침해죄를 구성하기 위해서는 고의성이 존재해야 하므로 고의성이 존재할 수 없는 인공지능이 타인의 특허를 침해할 수 없기 때문이기도 하다. 그렇다면 누구에게 특허 침해의 책임을 물어야 하는지는 앞선 다른 논의와 마찬가지다. 인공지능을 해당 특허를 활용하도록 적극적으로 조작하고 발명에 관여한 자가 있다면 그 조작자에게 특허 침해의 책임을 물을 수 있다. 그러나 인간의 관여와 개입이 거의 없는 경우로서 인공지능이 거의 독자적으로 발명을 해버린 경우라면 이때도 인공지능이나 관련자들에게 아무런 책임을 물을 수 없는지가 문제가 된다.

앞서 저작권 침해 사안에서 살펴본 바와 같이 민법상 제조물책임법에 따르면 제조물의 결함으로 생명, 신체 또는 재산에 손해를 입은 자에게 그 손해를 배상하도록 하고 있다. 인공지능 및 로봇은 제조물의 일종으로 볼 수 있다. 인공지능이 스스로 작동하여 타인의 권리를 침해하였다면 그 알고리즘에 결함이 있다고 볼 수 있고, 인공지능의 제조자에게 책임을 물을 수도 있을 것이다. 이를 방지하기 위해 인공지능의 제조자는 인공지능이 타인의 권리를 침해하는 발명을 하지 않도록 보완하는 알고리즘을 설계할 필요가 있다.

인공지능과 인간의 행위를 결합하였을 때 특허 침해가 되는 경우와 인공지능과 인간의 행위 각각이 특허 침해를 구성하는 경우는 조금 다르게 살펴봐야 한다. 예컨대 인공지능이 설계한 발명을 인간이 실시하였을 때 타인의 특허를 침해하게 된다면, 즉 인공지능과 인간의 행위가 서로 분리되어 있다면, 인간의 실시는 인공지능의 행위가 특허를 침해하는 것과 무관하게 당연히 특허의 침해를 구성한다. 예를 들어 누군가가 특허 침해품을 생산하여 제3자가 이를 판매한 경우와 같다. 이들은 각 실시 행위에 대하여 특허 침해 책임을 지게 된다. 다시 말해 특허권자는 침해자들이 각각 실시 행위를 하는 경우 이들을 모두 피고로 하여 특허 침해를 이유로 손해배상 책임을 청구할 수 있다. 민법 제760조 제1항에서는 "수인이 공동의 불법행위로 타인에게 손해를 가한 때에는 연대하여 그 손해를 배상할 책임이 있다."라고 규정한다. 즉, 공동의 불법행위가 되는 것으로 이들 간에는 '부진정 연대 채무'가 형성된다. 이 경우 특허권자는 발생한 손해를 침해 주체 중 하나로부터 모두 보전받을 수 있다. 침해자들 사이에서 구상권(求償權: 타인을 위하여 대신 채무를 변제한 사람이 타인에 대하여 가지는 반환청구의 권리)이 발생될 뿐이다. 그러나 인공지능의 경우 침해의 주체가 될 수 없으므로 인공지능에게는 구상권을 행사할 수 없고 다시 제조물책임법에 따라 개발자에게 고의나 과실이 있는지 검토해야 한다.

만약 특허받은 발명의 청구항 중 일부 구성요소는 인공지능이, 나머지 구성요소는 인간이 실시하는 경우 이들의 실시를 합쳐서 특허 침해로 볼 수 있을까?

서버와 핸드폰간 통신을 수행하며 특정 정보를 주고받는 특허가 있다고 가정해보자. 핸드폰은 핸드폰 이용자나 제조사가 실시하는 것이고, 서버는 서버 제조사가 또는 그 이용자가 실시하게 된다. 인공지능이 서버에 마련되어 핸드폰 이용자와 소통하여 이 특허와 동일한 정보를 주고받도록 구현된다면 즉 인공지능의 실시와 핸드폰 이용자의 실시가 합쳐서 한 특허의 침해를 구성할 수 있을까?

일부 구성요소를 생략하여 실시하더라도 생략하여 실시된 발명이 특허 발명의 실시에만 사용되는 물건이라면 특허법 제127조에 따른 간접침해의 구성이 가능하다. 하지만 생략 실시된 발명이 특허발명의 전용품이어야 한다. 전용품은 간접침해품이 그 특허된 발명의 생산에만 관여하는 제품일 것으로서 다른 용도가 없는 것을 의미한다. 핸드폰이나 서버의 경우 여러 용도가 있는 물건이어서 전용품으로 인정받기가 쉽지 않다. 따라서 핸드폰이용자의 실시가 특허의 간접침해를 구성기는 매우 어렵다.

간접침해에 해당하지 않는 경우라면 공동 특허 침해가 인정되는지가 문제가 된다. 복수의 주체에 의한 분산 실시도 침해로 인정되는지 묻는 공동 특허 침해에 대한 이슈다.

위의 경우에서 인공지능이 서버를, 이용자가 핸드폰을 각각 실시하여 특허의 모든 구성요소를 실시하는 경우 각각의 실시는 특허 침해가 어렵겠지만 이들을 합쳐 놓고 봤을 때 공동으로 특허를 침해하는 것으로 해석할 수 있겠느냐 하는 문제다. 하지만 현행법상으로는 하나의 주체가 모든 구성요소를 실시해야만 특허의 침해를 구성한다 즉, 서로 다른 주체가 특허를 실시하고 있는 경우라면 특허 침해가 아직 인정되지 않는다.

만약 주체 간 특허 구성요소를 일부씩 분담하여 실시하는 경우에도 하나의 주체가 다른 주체들을 이용하는 지배적 위치에 있다면 해석이 다르다. 즉, 지배적인 위치에 있는 주체가 다른 주체들을 직접적으로 관리하고 있다고 판단되면 지배적 위치에 있는 주체가 단독으로 특허 침해를 한 것으로 볼 수 있다. 예컨대 B회사가 도면이나 공정 모두 OEM인 A회사의 명령에 따라 제품을 생산하여 A회사에 납

품하는 경우라면 A회사는 B회사에 대하여 지배적인 위치에 있다고 할 수 있다. 이때 B회사가 일부 만들고 같은 역할을 하는 C회사가 일부 만든 것을 A회사가 조립해서 판매중이라면 그리고 그 제품이 타인의 특허를 침해하는 경우라면 A회사가 B, C 회사에 대하여 지배적인 위치에 있어 A회사만이 특허를 침해하는 것으로 해석할 수 있다. 따라서 인공지능과 인간이 특허를 공동으로 침해하는 경우 사람이 지배적 위치에 있어 인공지능을 관리하며 도구처럼 사용하고, 그로 인해 인간이 모든 영업상의 이익을 얻었다고 볼 수 있어 그 사람이 단독으로 특허 침해를 한 것으로 해석할 수 있다.

인공지능을 권리의 객체로서 판단해야 하는 현행 법제상 공동 특허 침해를 인공지능과 인간에 의한 것으로 보기보다는 인공지능의 해당 행위에 대한 관여도가 높은 인간과 이를 이용한 인간에 의한 것으로 보는 것이 타당한가에 대한 논의가 이루어져야 할 것이다. 발명을 설계하도록 인공지능을 조작한 사람과 결과물을 이용한 사람이 같은 경우라면 공동 특허 침해라고 볼 것 없이 다시 단일 주체로서 특허 침해 여부를 판단하면 된다.

4   챗GPT의 발명을 직무발명으로 볼 수 있을까?

챗GPT가 발명을 하였더라도 특허법에 따라 챗GPT는 특허권자도 발명자도 될 수 없다. 하지만 그 발명으로 인간이 특허를 출원할 수는 있는 것으로 보인다. 그렇다면 종업원이 한 발명을 사용자(기업)가 특허출원 하는 직무발명과 챗GPT가 한 발명을 인간이 특허출원하는 것을 같은 경우로 볼 수 있을까? 업무상 저작권과 유사하게 기업 또는 소유자에게 발명을 승계시키는 것으로 논리를 정리할 수 있을까?

직무발명에 대한 내용은 발명진흥법에서 규정한다. 발명진흥법 제2조 제2호에서 "직무발명이란 종업원이 그 직무에 관해 발명한 것이 사용자의 업무 범위에 속하고, 그 발명을 하게 된 행위가 종업원 등의 현재 또는 과거의 직무에 속하는 발명을 말한다."라고 규정한다.

이때 종업원의 기준은 매우 넓게 해석된다. 단순히 근

로계약서상의 직원만을 의미하지 않으며, 사용자에게 실질적으로 노무를 제공하는 경우 모두 종업원으로 해석할 수 있다. 종업원이 발명을 하게 한 행위는 직무에 속해야 하며, 발명과 종업원의 지위, 급여, 수행했던 업무와의 연관성 등을 종합적으로 고려하게 된다.

종업원이 한 발명이 직무발명인 경우 사용자에게 승계할 것을 예약하는 예약승계가 가능하다. 예약승계 규정이 있는 경우라면 종업원이 한 발명은 통지와 승낙의 의사 표시만으로 기업에 자동 승계된다. 챗GPT는 사용자의 명령에 따라 답변을 주기 때문에 사용자의 직무를 수행하는 것으로 볼 수 있다. 발명은 그 직무 중 하나에 속하는 것으로 해석될 가능성이 높다. 또한 사용자의 업무 범위와 전혀 다른 기술 분야가 아닌 이상 발명이 사용자의 업무 범위에 포함될 가능성이 높아 사용자의 명령에 따라 챗GPT가 발명을 완성하였다면 이를 직무발명으로 볼 수도 있을 것 같다.

하지만, 현재 발명진흥법에서 직무발명을 규정하고 있는 부분도 자연인을 전제로 한 것이라 직접적인 적용은 어렵다. 나아가 예약승계 규정이 있거나 발명마다 양도 절차가 필요한데, 챗GPT는 법률적으로 행위능력이 없는 자에 해당하여 예약승계를 위한 계약을 할 수 없다. 발명의 양도 역시 권리의 주체가 없는 챗GPT가 하기에는 무리다. 그렇다면 현행법상 직무발명의 적용도 어려운 것이다.

다만 인간인 종업원이 챗GPT를 활용하여 발명을 수행한 경우, 사용자의 업무 범위 내이고 발명을 하게 한 행위가 종업원의 직무에 속한다면, 이러한 발명은 직무발명에 해당될 가능성이 높다. 사용자의 업무지시와 종업원의 관여 정도에 따라서 종업원을 발명자로 기재할 정도인지 판단해야할 필요가 있다.

5 챗GPT의 창작물을 영업비밀로서 보호할 수 있을까?

인공지능이 한 발명을 특허권으로 보호할 수 없다면 다른 법률로 보호할 수 있을까?

앞서 살펴본 바와 같이 특허 제도로 보호하기 어려운 기술의 경우 영업비밀로 보호하는 경우가 있다. 영업비밀은 공공연히 알려져 있지 아니하고 독립된 경제적 가치를 가지는 것으로서, 비밀로 유지된 생산방법, 판매방법, 그 밖에 영업활동에 유용한 기술상 또는 경영상의 정보를 보호한다. 즉, 영업비밀로 보호할 수만 있다면 그 정보가 인간이 만든 것인지 인공지능이 만든 것인지는 법률상으로는 고려의 대상이 아니다. 다만, 침해행위의 범위가 '절취 또는 절취자로부터 취득'으로 비교적 좁은 편에 속한다. 그 정보를 타사가 직접 깨달은 경우라면 영업비밀 침해행위에 해당하지 않기 때문에 보호 강도가 세지 않다고 볼 수 있다. 다만 영업비밀로 유지되는 경우라면 기간 제한 없이 보호받을 수 있다는 장점은 존재한다.

따라서 인공지능이 개발한 기술이 역설계가 어려운 경우라면 영업비밀로 보호하는 것이 상당히 좋은 선택일 수 있다.

8

관련법 개정의 필요성

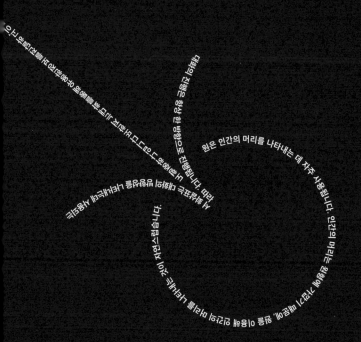

1   현재까지 논의된 사항과 문제점

현재까지는 여러 국가에서 인공지능을 단순 도구로 취급하고, 이용자를 창작자로 인정하려 한다. 인공지능도 사람과 마찬가지로 데이터를 습득하고 이를 통해 새로운 것을 창조한다는 점에서 인공지능의 창작물 또한 보호의 필요성이 분명히 대두되고 있다. 인공지능의 이용자가 단순한 명령만을 입력할 뿐 창작에 필요한 발상이나 구체화, 표현 모두 인공지능이 하는 경우도 적지 않기 때문에 그저 버튼을 누른 사람에게 창작자의 지위를 인정하는 것은 부당하게 들릴 수 있다. 이에 인간 행위의 관여 정도에 따라서 관여도가 높은 인간을 창작자, 저작권자, 발명자, 특허권자로 보거나, 관여도가 높은 인간이 존재하지 않는 경우 공공의 영역으로 보자는 견해가 많다. 하지만 발명의 과정을 관찰부터 영감, 발상, 구체화, 보완 및 완성이라는 단계로 나눈다 하더라도 어느 단계까지 인간이 개입해야 인간이 발명한 것이라고 할 수 있을지 판단하기는 쉽지 않다. 관여도는 수치화하기 어려울 뿐만 아니라 각 기술 분야별로 발명의 핵심이 어느 포인트인지 다를 수 있기 때문이다. 나아가 인간이 추상적인 아이디어를 완성한 상태에서 인공지능이 데이터를 수집하고, 구체화하여 실현 가능하게 완성하였다면 인공지능 역시 발명에 적극적으로 관여했다고 볼 수밖에 없다.

공동으로 발명이 이루어진 경우 특허를 받을 수 있는 권리 역시 공동으로 갖게 된다. 즉, 공동 발명인 경우는 발명에 관여한 자 모두가 출원자가 되어야 한다(특허법 제44조). 공동 발명자가 되기 위해서는 발명이 완성되기까지의 과정 중 적어도 일부에 공동 발명자 각각이 기술적인 상호보완을 통하여 발명의 완성에 유익한 공헌을 하여야 하며, 발명의 완성을 위하여 실질적으로 상호 협력하는 관계에 있어야 한다. 인공지능이 발명의 일부를 담당했다면 인간과 공동 발명자가 된다. 만약 인간 혼자 특허 출원을 한다면 인공지능이 발명한 부분만큼은 법리적으로 무권리자 출원이 될 수도 있다.

　인공지능은 단지 도구에 불과하니 어떠한 권리도 줄 필요 없고 인간이 모든 것을 향유해야만 한다는 주장이 다수의 견해이긴 하다. 즉, 사람만을 발명자로 기재하면 된다는 것이다. 하지만 이는 인공지능 개발자의 개발 의욕이 떨어지는 결과를 초래하며, 인공지능이 공동 발명자에 해당할 정도로 발명에 기여하였는지 기재하지 못한다면 실체적 진실에도 부합하지 않는다고 보는 견해도 있다.

2 민법의 개정을 통한 인공지능의 법인격화 가능성

법인은 민법에서 정하는 권리 주체성의 예외로서 자연인이 아님에도 법률행위의 주체가 될 수 있다. 인간은 아니지만 인간처럼 인식, 판단, 예측하는 인공지능에게 법인처럼 인격을 부여하는 것은 어떨까? 법인에 법인격을 부여하는 가장 큰 이유는 법인에 권리와 의무를 귀속시킬 필요성이 있기 때문이다. 인공지능 역시 그 자체에 권리와 의무를 부여할 필요가 있다면 법인격과 같이 인격을 부여할 수 있다. 즉, 인공지능이 인간처럼 창작하고 창조하고 발명할 수 있는지에 초점을 맞추기보다는 인공지능에게 권리를 인정하고, 인공지능에게 의무를 부여해야 할 필요가 있는지가 중점적으로 논의되어야 한다.

인공지능이 철저하게 인간의 관리 감독을 받고 모든 권리와 책임 귀속이 그 소유자나 조작자에게 있어도 문제가 없는 현 상황에서는 인공지능의 법인격화 필요성이 그다지 높지 않다고 볼 수 있다. 하지만, 인공지능이 스스로 판단해서 결과물을 만들어내고 그 결과물들이 다른 사람들의 권리를 침해하거나 기타 불법행위를 저지르고 이에 대해 소유자에게 책임을 묻기 어려운 사례들이 많아지면 이 논의가 더 본격화 될 것으로 예상한다.

예컨대 자율주행 자동차의 완전 자율주행이 구현되지 못하는 이유 중 하나는 사고 발생 시 책임 귀속 주체를 운전자로 볼 것인지 차량 제조사로 볼 것인지에 대해 이해관계가 대립하고 있기 때문이다. 이 문제는 인공지능에게 책임을 귀속시킬 수 있게 된다면 상당 부분 해결된다.

인공지능에게 법적으로 인격을 부여하는 것이 아직은 쉽지 않지만 시간이 흘러 기술이 더욱 발전하면 이것이 불가피해질 것이다.

3 직무발명 또는 업무상 저작권으로의
해석 및 개정 가능성

우리나라의 경우 발명은 발명자의 노력에 의해 형성되기 때문에 이에 대한 권리는 우선적으로 발명자에게 속해야 한다는 '발명자 주의'를 채택하고 있다. 이에 따르면 우선적으로 권리가 발명자에게 형성되고 이후 승계에 의해 사용자에게 양도된다는 법리 해석상 권리의 주체가 될 수 없는 인공지능의 발명을 직무발명으로 볼 수 없다.

저작권법에서는 직무발명과 유사하게 '업무상 저작물'이라는 제도가 있다. 업무상 저작물에 대해서 우리나라는 발명자(창작자) 주의가 아닌 사용자 주의를 채택하고 있다. 발명 후 승계 절차에 따라 특허를 받을 수 있는 권리를 사용자에게 양도하는 직무발명과 다르게 사용자가 업무상 저작물을 원천적으로 취득한다.

이에 인공지능이 한 발명에 대해서도 직무발명에 적용하기 위해 업무상 저작물과 유사한 사용자 주의 도입을 검토하자는 의견도 있다. 인공지능이 종업원과 유사한 지위를 갖고 있으므로 인공지능이 사용자를 위해 만들어낸 발명은 원천적으로 사용자에게 귀속시키도록 하자는 것이다.

이를 위해선 사람뿐 아니라 사람에 의해 인공적으로 만들어진 소프트웨어 알고리즘이 종업원으로 취급될 수 있도록 종업원의 개념을 좀 더 포괄적으로 확장할 필요가 있다. 이 소프트웨어 알고리즘에 의해 형성된 발명은 사용자가 실질적으로 발명에 관여하지 않았더라도 사용자 등에게 특허를 받을 수 있는 권리가 생기는 것으로 해석할 수 있다. 이는 특허법과도 크게 충돌하지 않을 것이다.

4　신지식재산권으로의 편입 가능성

유전자조작 동식물, 반도체 설계, 컴퓨터 소프트웨어 등 전통적인 지식재산권으로 보호하기 어려운 신기술들의 경우 신지식재산권으로 분류하여 보호한다. 이들은 특허를 받기 위한 요건, 특허를 받은 후의 취급 면에서도 전통적인 지식재산권들과는 조금 다르다. 인공지능이 창조하고 발명한 결과물들을 인간이 창작한 것과 동일하게 취급하기 어렵다면 새로운 권리를 형성하는 것도 하나의 방안이 될 수 있다.

예컨대 어떤 인공지능이 창작한 그림이 다른 인공지능이 창작한 그림에 비해 새롭다면 이를 인공지능 저작권으로 인정하자는 것이다. 권리자는 기본적으로는 해당 그림을 창작하도록 명령하거나 인공지능을 소유한 사람이어야 할 것이다. 명령한 사람의 업무상 저작물에 해당한다면 그 사용자가 저작권자가 될 수도 있다. 그리고 인공지능 저작권의 경우 실질적 유사성이 아니라 동일성이 있는 경우에 한하여 침해가 인정되도록 하는 것이다. 즉, 표절은 아니지만 동일한 저작물을 무단 복제·배포하는 경우로 저작권 침해를 한정하면 인공지능 창작물의 홍수 속에서 부당한 권리행사가 이뤄지는 일은 없을 것이다. 발명도 이와 유사하게 취급할 수 있다.

이때 동일성 판단을 인공지능에게 맡긴다면 인공지능이 창작하고 인공지능이 심사하여 등록된 권리 행사를 위해 인공지능이 판단하는, 진정한 첨단 세상에서 새로운 패러다임이 만들어지지 않을까?

마치며

챗GPT는 권리의 주인이 될 수 있는가?

과거에는 프로그램 발명도 물건으로 볼 수 없어 특허를 인정할 수 없다는 의견이 지배적이었다. 그 당시에는 저장매체에 보관된 프로그램만이 특허법상 발명으로 인정되었다. 기술발전에 따라 저장매체를 통해 프로그램이 거래되지 않는 시기가 왔을 때 프로그램을 보호할 필요가 있다고 하여 프로그램 발명을 물건의 하나로 보게 되었다. 아울러 전기통신망을 이용한 다운로드 행위를 특허의 실시로 개정하게 된 입법례가 있었다. 마찬가지로 기술발전에 따라 인공지능의 발명과 창작을 오롯이 한 주체가 수행한 창작과 발명으로 봐야 하는 시기가 올 수 있다.

　하나의 인공지능을 어떻게 특정하고, 인공지능과 다른 인공지능을 식별을 어떻게 할 것이며, 인공지능의 권리와 의무를 구별하고 책임을 귀속시키기 위한 자산부터 법인의 대표처럼 연대보증책임은 누구에게 지울 것인지 하는 구체적이고 해결하기 쉽지 않은 문제들이 남는다.

아직까지는 인공지능이 만들어냈으나 인간의 관여도가 거의 없는 창작물이라면 누구에게도 저작권이 인정되지 아니하여 공공의 영역이 된다. 법리상 해석도 마찬가지다. 하지만 인공지능이 만든 것이더라도 완성된 창작물이고 이런 창작물이 다른 창작활동 등에 도움이 된다면 인공지능이 한 창작이라 하여 굳이 차별할 이유와 필요가 있는지는 의문이다. 권리를 누려야 마땅한 자에게 권리가 돌아가도록 하고, 창작에 이용된 도구를 창작자와 발명자로 마땅히 기재할 수 있는 세상이 오길 소망한다.

부록: 국내 및 해외 사례

1. 미국

2018년 11월 미국의 인공지능 개발자 스티븐 탈러는 미국 저작권청에 인공지능이 창작한 〈파라다이스로 가는 최근 출입구(A Recent Entrance to Paradise)〉라는 그림에 대해 저작권 신청을 하였다. 이때 신청서에 저작자를 '창작기계'로 기재하였으며, 대상 작품에 대하여 '창작기계가 컴퓨터 알고리즘을 실행하여 독자적으로 창작하였다'고 설명했다. 스티븐 탈러는 이 그림을 창작기계 소유자인 자신의 업무상 저작물로 등록하려고 시도했다. 그러나 2019년 8월 12일 미 저작권청은 대상 작품에 대하여 인간에 의해 창작되지 않았다는 것을 이유로 저작권 등록을 거절하였다.

최근 비슷한 결정이 내려졌다. 2022년 2월 22일 미국저작권청(USCO)은 그래픽 노블 작가인 크리스 카슈타노바가 질문을 몇 마디 던져 이미지 생성 프로그램인 미드저니로 만든 만화 〈여명의 자리야(Zarya of the Dawn)〉의 이미지는 저작권 보호를 받을 수 없다는 결정을 내렸다. 다만 생성된 이미지에서만 그렇고 카슈타노바가 쓴 글이나 이미지의 선택과 배치에 대한 부분은 저작권 인정을 받았다. 미국저작권청은 인공지능의 창작 결과물에 대해 크리스 카슈타노바가 예측할 수 없었고, 인간의 창작활동에서 비롯한 생성물이 아니라는 점을 지적했다.

이는 과거 '원숭이 나루토 소송'과도 유사한 측면이 있다. 이 소송은 영국 사진작가 데이비드 슬레터(David Slater)의 사진집에 있는 원숭이 '나루토'의 셀카 사진의 저작권 귀속 주체에 대한 소송이었는데, 미국저작권청은 원숭이가 저작권을 소유할 수 없다는 입장을 발표하였고 미국의 법원 또한 원숭이가 저작권을 소유할 수 없다고 판결을 내렸다.

미국 저작권법에서는 저작권의 보호 대상을 '저작물'로만 규정하고 있다. 즉, 저작물의 용어에 대해 구체적으로 정의 규정을 두지 않고 있으며 저작자가 인간이어야 한다는 규정도 두고 있지 않다. 하지만 미국저작권청의 실무 지침에 따르면 인간에 의해 창작된 저작물만이 저작권을 가진다고 규정하고 있다. 따라서 인공지능 저작물에 대해 법문상이 아닌 실무적으로 인공지능의 창작물에 대해 저작권 등록을 불허하고 있다. 이는 미국이 형식주의보다는 실질주의를 따르는 법제도에 입각해 있기 때문으로 해석할 수 있다. 형식적으로 인간이 저작권자가 되는 것도 중요하지만 실질적으로 창작자가 인간인가, 그 창작에 인간의 관여도가 어느 정도인가를 판단하여 저작물인지와 저작권을 부여할 수 있는지를 판단하겠다는 것이다.

2. 영국

영국 저작권법 제9조 제1항에 의하면 "저작자는 저작물을 창작한 자를 말한다."라고 규정한다. 아울러 저작권은 저작물에 존속하는 재산권이라고 보고 있으며 '저작물'이라는 용어에 대해 정의 규정을 명시적으로 내리고 있지는 않는다. 다만 "컴퓨터에 의해 생성된 어문, 연극, 음악 또는 미술 저작물의 경우 저작자는 그 저작물의 창작을 위하여 필요한 조정을 한 자로 본다."라고 저작권법 제9조 제3항에 규정하고 있으며, CDPA(Copyright, Designs and Patents Act 1988) 제

178조에는 "컴퓨터에 의해 생성됨이란 저작물에 대해 사람인 저작자가 없는 상태에서 컴퓨터에 의해 저작물이 산출된 것을 말한다."라고 정의하고 있다.

영국 저작권법에 따르면 인간 저작자가 존재하지 않은 상황에서 생성되는 컴퓨터 창작물도 저작물에 해당할 수 있고, 그렇게 창작된 저작물의 경우 저작자는 저작물의 창작을 위해 필요한 조정을 한 자로 본다는 것이다.

3. 독일

독일 저작권법 제2조 제2항에 따르면 인간의 정신적 창작, 인간의 사상과 감정을 개성적으로 표현한 것만을 저작물로 보호한다. 저작권은 인간에게만 부여되며, "저작자는 저작물의 창작자"라고 규정하고 있다. 또 독일 저작권법은 저작권은 상속 이외에 이전을 인정하지 않으며 업무상 저작권 제도 또한 인정하지 않는다. 따라서 독일의 경우 컴퓨터는 인간이 아니고 컴퓨터가 만든 인공지능 창작물을 저작권으로 보호할 수 없는 것으로 보인다.

4. 프랑스

프랑스 저작권법에서는 "정신적 저작물의 저작자는 해당 저작물에 관하여 창작의 사실만으로도 모든 사람들에 대하여 배타적으로 대항할 수 있는 무체소유권을 취득한다."라고 규정하고 있다. 따라서 저작권의 대상은 정신활동에 의거하여 창작된 저작물에 한정된다. 프랑스에서도 인공지능 창작물을 저작권으로 보호할 수 없다고 해석한다.

5. 중국

중국의 현행 저작권법은 우리와 달리 저작물에 대한 개념 정의를 법률인 저작권법이 아닌 행정 법규인 '저작권법 실시 조례'에 위임하고 있다. 저작권법 실시 조례 제2조는 "저작권법이 말하는 저작물이란 문학, 예술, 과학 영역 내의 창작성을 구비했고 또한 모종의 유형적 형식으로 복제 가능한 지적 성과를 말한다."라고 규정하고 있으며, 제3조는 "저작권법상의 '창작'이란 문화, 예술, 과학 저작물을 직접적으로 만드는 지적 활동이다."라고 규정하고 있다. 따라서 '인간에 의한 창작'을 저작물 성립의 전제조건 혹은 주체요건으로 요구하지는 않는 듯 보인다.

관련하여 중국에서 인공지능으로 만든 창작물이라도 저작물에 해당한다는 첫 판례가 나왔다. 중국 텐센트(Tencent)와 잉쉰(YingXun) 사이의 소송에 대한 얘기다. 중국 텐센트는 잉쉰 사를 상대로 인공지능이 작성한 기사에 대한 저작권 침해 소송을 제기하였다. 법원은 인공지능인 드림라이터가 작성한 기사에 저작권을 인정하였고, 침해에 따른 손해배상 판결을 내려 텐센트의 손을 들어준 바 있다.

법원은 저작권의 주체가 인간이어야 한다고 언급하지는 않았다. 다만 주요한 창작 팀에 의해 인공지능 소프트웨어를 사용해 기사가 완성되었고, 외적 표현은 어문 저작물의 요구사항을 충족하며, 표현 내용은 주식 시장 정보, 데이터 선택, 분석 및 판단을 반영하여 창작성 또한 구비하였다고 판단하였다. 즉, 특정 표현 방식, 창작자 개인의 선택과 배열, 인공지능의 창작 과정 모두 저작물에 대한 보호 조건을 충족하였다고 본 것이다. 단지 인공지능에 의해 자동으로 생성된 것이 아니라 여러 팀원들의 노동 분담이 있었고 지적 창작 행위가 있었으며, 저작자의 수요와 의도가 반영된 것으로서 저작물이라고 판단했다.

이에 앞서 2019년에 중국 페리인 펌(Feilin Firm)과 바이두(Baidu)의 인공지능 생성물에 대한 저작권 보호 소송에서는 저작권의 주체가 인간이어야 하므로 인공지능에 의한 생성물은 저작물이 아니라고 판결한 바도 있다.

텐센트 사건에서 중국 법원의 판단이 갑자기 달라졌다기보다는 앞서 설명한 인간의 관여도, 즉 인간이 해당 저작물을 창작하는 데 있어 어느 정도 관여했는지 여부가 중요한 관점이 된 것으로 보인다

6. 한국

우리나라의 저작권법은 미국과는 달리, 제2조 제1호에서 "인간의 사상 또는 감정을 표현한 창작물"을 저작물로 규정하고, 제2호에서 "저작물을 창작한 자"를 저작자로 명시하고 있다. 이러한 규정 때문에, 인공지능으로 창작된 작품이라 할지라도 전적으로 인간의 개입 없이 만들어졌다고 결론을 내기는 어렵다. 또한, 인공지능으로 창작된 작품이 많이 생산되고 소비되는 시대에 이르렀으므로 이를 보호하기 위한

방안이 필요하다. 이는 창작자들의 창작욕뿐 아니라 인공지능 개발자들의 개발욕도 고취시키는 역할을 한다. 결론적으로, 창작은 인간의 전유물이라는 고정관념에서 벗어나, 시대 변화에 맞추어 구체적인 권리보호 방안을 논의할 필요가 있다.

창작자를 위한 챗GPT 저작권 가이드

변리사가 알려주는 챗GPT 창작에 필요한 저작권 상식의 모든 것

초판 1쇄 발행 2023년 5월 10일

지은이 정경민
펴낸이 박영미
펴낸곳 포르체

책임편집 김선아
편집팀장 임혜원 편집 김성아
마케팅 김채원
디자인 황규성

출판신고 2020년 7월 20일 제2020-000103호
전화 02-6083-0128 | 팩스 02-6008-0126
이메일 porchetogo@gmail.com
포스트 https://m.post.naver.com/porche_book
인스타그램 www.instagram.com/porche_book

ⓒ정경민(저작권자와 맺은 특약에 따라 검인을 생략합니다.)
ISBN 979-11-92730-46-2 (03360)

- 이 책은 저작권법에 따라 보호받는 저작물이므로 무단전재와 무단복제를 금지하며, 이 책 내용의 전부 또는 일부를 이용하려면 반드시 저작권자와 포르체의 서면 동의를 받아야 합니다.
- 이 책의 국립중앙도서관 출판시도서목록은 서지정보유통지원시스템 홈페이지(http://seoji.nl.go.kr)와 국가자료공동목록시스템(http://www.nl.go.kr/kolisnet)에서 이용하실 수 있습니다.
- 잘못된 책은 구입하신 서점에서 바꿔드립니다.
- 책값은 뒤표지에 있습니다.

여러분의 소중한 원고를 보내주세요.
porchetogo@gmail.com